AF311881

CODE

DE

PROCÉDURE CIVILE

ÉDITION DE L'IMPRIMERIE ORDINAIRE DU CORPS LÉGISLATIF.

A PARIS,

CHEZ RONDONNEAU, AU DÉPOT DES LOIS

RUE SAINT-HONORÉ PRÈS SAINT-ROCH.

1806

CODE

DE

PROCÉDURE CIVILE.

PREMIÈRE PARTIE.

PROCÉDURE DEVANT LES TRIBUNAUX.

LIVRE PREMIER.

DE LA JUSTICE DE PAIX.

TITRE PREMIER.

Des Citations.

ARTICLE PREMIER.

Toute citation devant les juges de paix contiendra la date des jour, mois et an, les noms, profession et domicile du demandeur, les noms, demeure et immatricule de l'huissier, les noms et demeure du défendeur ; elle énoncera sommaire-ment l'objet et les moyens de la demande, et indiquera le juge de paix qui doit connaître de la demande, et le jour et l'heure de la comparution.

2. En matière purement personnelle ou mobilière, la citation sera donnée devant le juge du domicile du dé-fendeur ; s'il n'a pas de domicile, devant le juge de sa résidence.

3. Elle le sera devant le juge de la situation de l'objet litigieux, lorsqu'il s'agira,

1.° Des actions pour dommages aux champs, fruits et récoltes ;

2.° Des déplacemens de bornes, des usurpations de terres, arbres, haies, fossés et autres clôtures, commis dans l'année ; des entreprises sur les cours d'eau, commises pareillement dans l'année, et de toutes autres actions possessoires ;

3.° Des réparations locatives ;

4.° Des indemnités prétendues par le fermier ou locataire pour non jouissance, lorsque le droit ne sera pas contesté, et des dégradations alléguées par le propriétaire.

4. La citation sera notifiée par l'huissier de la justice de paix du domicile du défendeur ; en cas d'empêchement, par celui qui sera commis par le juge : copie en sera laissée à la partie ; s'il ne se trouve personne en son domicile, la copie sera laissée au maire ou adjoint de la commune, qui visera l'original sans frais.

L'huissier de la justice de paix ne pourra instrumenter pour ses parens en ligne directe, ni pour ses frères, sœurs, et alliés au même degré.

5. Il y aura un jour, au moins, entre celui de la citation et le jour indiqué pour la comparution, si la partie citée est do-miciliée dans la distance de trois myriamètres.

Si elle est domiciliée au-delà de cette distance, il sera ajouté un jour par trois myriamètres.

Dans le cas où les délais n'auront point été observés, si le défendeur ne comparaît pas, le juge ordonnera qu'il sera réassigné , et les frais de la première citation seront à la charge du demandeur.

6. Dans les cas urgens , le juge donnera une cédule pour abréger les délais, et pourra permettre de citer, même dans le jour et à l'heure indiquée.

7. Les parties pourront toujours se présenter volontairement devant un juge de paix , auquel cas il jugera leur différent, soit en dernier ressort, si les lois ou les parties l'y autorisent , soit à la charge de l'appel, encore qu'il ne fût le juge naturel des parties , ni à raison du domicile du défendeur , ni à raison de la situation de l'objet litigieux.

La déclaration des parties qui demanderont jugement , sera signée par elles , ou mention sera faite si elles ne peuvent signer.

TITRE II.

Des Audiences du Juge de Paix et de la Comparution des Parties.

8. Les juges de paix indiqueront au moins deux audiences par semaine : ils pourront juger tous les jours, même ceux de dimanches et fêtes , le matin et l'après-midi.

Ils pourront donner audience chez eux, en tenant les portes ouvertes.

9. Au jour fixé par la citation, ou convenu entre les parties, elles comparaîtront en personne ou par leurs fondés de pouvoir , sans qu'elles puissent faire signifier aucune défense.

10. Les parties seront tenues de s'expliquer avec modération devant le juge, et de garder en tout le respect qui est dû à la justice : si elles y manquent, le juge les y rappellera d'abord par un avertissement ; en cas de récidive, elles pourront être condamnées à une amende qui n'excédera pas la somme de dix francs, avec affiches du jugement, dont le nombre n'excédera pas celui des communes du canton.

Code de procédure. Texte.   I

11. Dans le cas d'insulte ou irrévérence grave envers le juge, il en dressera procès-verbal et pourra condamner à un emprisonnement de trois jours au plus.

12. Les jugemens, dans les cas prévus par les précédens articles, seront exécutoires par provision.

13. Les parties ou leurs fondés de pouvoir seront entendus contradictoirement. La cause sera jugée sur-le-champ, ou à la première audience; le juge, s'il le croit nécessaire, se fera remettre les pièces.

14. Lorsqu'une des parties déclarera vouloir s'inscrire en faux, déniera l'écriture, ou déclarera ne pas la reconnaître, le juge lui en donnera acte : il paraphera la pièce et renverra la cause devant les juges qui doivent en connaître.

15. Dans les cas où un interlocutoire aurait été ordonné, la cause sera jugée définitivement, au plus tard, dans le délai de quatre mois du jour du jugement interlocutoire : après ce délai, l'instance sera périmée de droit; le jugement qui serait rendu sur le fond, sera sujet à l'appel, même dans les matières dont le juge de paix connaît en dernier ressort, et sera annullé, sur la réquisition de la partie intéressée.

Si l'instance est périmée par la faute du juge, il sera passible des dommages et intérêts.

16. L'appel des jugemens de la justice de paix ne sera pas recevable après les trois mois, à dater du jour de la signification faite par l'huissier de la justice de paix, ou tel autre, commis par le juge.

17. Les jugemens des justices de paix, jusqu'à concurrence de trois cents francs, seront exécutoires par provision, nonobstant l'appel, et sans qu'il soit besoin de fournir caution : les juges de paix pourront, dans les autres cas, ordonner l'exécution provisoire de leurs jugemens, mais à la charge de donner caution.

18. Les minutes de tout jugement, seront portées par le greffier sur la feuille d'audience, et signées par le juge qui aura tenu l'audience et par le greffier.

TITRE III.

Des Jugemens par défaut, et des Oppositions à ces Jugemens.

19. Si, au jour indiqué par la citation, l'une des parties ne comparaît pas, la cause sera jugée par défaut, sauf la réassignation dans le cas prévu dans le dernier paragraphe de l'article 5.

20. La partie condamnée par défaut pourra former opposition, dans les trois jours de la signification faite par l'huissier du juge de paix, ou autre qu'il aura commis.

L'opposition contiendra sommairement les moyens de la partie, et assignation au prochain jour d'audience, en observant toutefois les délais prescrits pour les citations : elle indiquera les jour et heure de la comparution, et sera notifiée, ainsi qu'il est-dit ci-dessus.

21. Si le juge de paix sait par lui-même, ou par les représentations qui lui seraient faites à l'audience par les proches, voisins ou amis du défendeur, que celui-ci n'a pu être instruit de la procédure, il pourra, en adjugeant le défaut, fixer pour le délai de l'opposition le temps qui lui paraîtra convenable ; et dans le cas où la prorogation n'aurait été ni accordée d'office ni demandée, le défaillant pourra être relevé de la rigueur du délai, et admis à opposition, en justifiant, qu'à raison d'absence ou de maladie grave, il n'a pu être instruit de la procédure.

22. La partie opposante qui se laisserait juger une seconde fois par défaut, ne sera plus reçue à former une nouvelle opposition.

TITRE IV.

Des Jugemens sur les Actions possessoires.

23. Les actions possessoires ne seront recevables qu'autant

qu'elles auront été formées dans l'année du trouble, par ceux qui, depuis une année au moins, étaient en possession paisible, par eux ou les leurs, à titre non précaire.

24. Si la possession ou le trouble sont déniés, l'enquête qui sera ordonnée ne pourra porter sur le fond du droit.

25. Le possessoire et le pétitoire ne seront jamais cumulés.

26. Le demandeur au pétitoire ne sera plus recevable à agir au possessoire.

27. Le défendeur au possessoire ne pourra se pourvoir au pétitoire qu'après que l'instance sur le possessoire aura été terminée; il ne pourra, s'il a succombé, se pourvoir qu'après qu'il aura pleinement satisfait aux condamnations prononcées contre lui.

Si néanmoins la partie qui les a obtenues était en retard de les faire liquider, le juge du pétitoire pourra fixer, pour cette liquidation, un délai, après lequel l'action au pétitoire sera reçue.

TITRE V.

Des Jugemens qui ne sont pas définitifs , et de leur Exécution.

28. Les jugemens qui ne seront pas définitifs, ne seront point expédiés quand ils auront été rendus contradictoirement et prononcés en présence des parties; dans le cas où le jugement ordonnerait une opération à laquelle les parties devraient assister, il indiquera le lieu, le jour et l'heure, et la prononciation vaudra citation.

29. Si le jugement ordonne une opération par des gens de l'art, le juge délivrera à la partie requérante, cédule de citation pour appeler les experts; elle fera mention du lieu, du jour, de l'heure, et contiendra le fait, les motifs et la disposition du jugement, relative à l'opération ordonnée.

Si le jugement ordonne une enquête, la cédule de citation fera mention de la date du jugement, du lieu, du jour et de l'heure.

3o. Toutes les fois que le juge de paix se transportera sur le lieu contentieux, soit pour en faire la visite, soit pour entendre les témoins, il sera accompagné du greffier, qui apportera la minute du jugement préparatoire.

31. Il n'y aura lieu à l'appel des jugemens préparatoires, qu'après le jugement définitif, et conjointement avec l'appel de ce jugement; mais l'exécution des jugemens préparatoires ne portera aucun préjudice aux droits des parties sur l'appel, sans qu'elles soient obligées de faire à cet égard aucune protestation ni réserve.

L'appel des jugemens interlocutoires est permis avant que le jugement définitif ait été rendu.

Dans ce cas, il sera donné expédition du jugement interlocutoire.

TITRE VI.

De la Mise en cause des Garans.

32. Si, au jour de la première comparution, le défendeur demande à mettre garant en cause, le juge accordera délai suffisant en raison de la distance du domicile du garant : la citation donnée au garant sera libellée, sans qu'il soit besoin de lui notifier le jugement qui ordonne sa mise en cause.

33. Si la mise en cause n'a pas été demandée à la première comparution, ou si la citation n'a pas été faite dans le délai fixé, il sera procédé, sans délai, au jugement de l'action principale, sauf à statuer séparément sur la demande en garantie.

TITRE VII.

Des Enquêtes.

34. Si les parties sont contraires en faits de nature à être constatés par témoins, et dont le juge de paix trouve la vérification utile et admissible, il ordonnera la preuve et en fixera précisément l'objet.

35. Au jour indiqué, les témoins, après avoir dit leurs noms, profession, âge et demeure, feront le serment de dire vérité, et déclareront s'ils sont parens ou alliés des parties et à quel degré, et s'ils sont leurs serviteurs ou domestiques.

36. Ils seront entendus séparément, en présence des parties, si elles comparaissent; elles seront tenues de fournir leurs reproches avant la déposition, et de les signer : si elles ne le savent ou ne le peuvent, il en sera fait mention : les reproches ne pourront être reçus après la déposition commencée, qu'autant qu'ils seront justifiés par écrit.

37. Les parties n'interrompront point les témoins : après la déposition, le juge pourra, sur la réquisition des parties, et même d'office, faire aux témoins les interpellations convenables.

38. Dans tous les cas où la vue du lieu peut être utile pour l'intelligence des dépositions, et spécialement dans les actions pour déplacement de bornes, usurpations de terres, arbres, haies, fossés ou autres clôtures, et pour entreprises sur les cours d'eau, le juge de paix se transportera, s'il le croit nécessaire, sur le lieu, et ordonnera que les témoins y seront entendus.

39. Dans les causes sujettes à l'appel, le greffier dressera procès-verbal de l'audition des témoins : cet acte contiendra leurs noms, âge, profession et demeure, leur serment de dire vérité, leur déclaration s'ils sont parens, alliés, serviteurs ou domestiques des parties, et les reproches qui auraient été fournis contre eux. Lecture de ce procès-verbal sera faite à chaque témoin, pour la partie qui le concerne ; il signera sa déposition, ou mention sera faite qu'il ne sait ou ne peut. Le procès-verbal sera, en outre, signé par le juge et le greffier. Il sera procédé immédiatement au jugement, ou au plus tard à la première audience.

40. Dans les causes de nature à être jugées en dernier ressort, il ne sera point dressé de procès-verbal ; mais le jugement énoncera les noms, âge, profession et demeure des témoins, leur serment, leur déclaration s'ils sont parens,

alliés, serviteurs ou domestiques des parties, les reproches,
et le résultat des dépositions.

TITRE VIII.

Des Visites des lieux et des Appréciations.

41. Lorsqu'il s'agira, soit de constater l'état des lieux, soit
d'apprécier la valeur des indemnités et dédommagemens de-
mandés, le juge de paix ordonnera que le lieu contentieux
sera visité par lui en présence des parties.

42. Si l'objet de la visite ou de l'appréciation exige des
connaissances qui soient étrangères au juge, il ordonnera
que les gens de l'art, qu'il nommera par le même jugement,
feront la visite avec lui, et donneront leur avis : il pourra
juger sur le lieu même sans désemparer. Dans les causes
sujettes à l'appel, procès-verbal de la visite sera dressé par le
greffier, qui constatera le serment prêté par les experts. Le
procès-verbal sera signé par le juge, par le greffier et par les
experts; et si les experts ne savent ou ne peuvent signer, il en
sera fait mention.

43. Dans les causes non sujettes à l'appel, il ne sera
point dressé de procès-verbal; mais le jugement énoncera
les noms des experts, la prestation de leur serment, et le
résultat de leur avis.

TITRE IX.

De la Récusation des Juges de Paix.

44. Les juges de paix pourront être récusés, 1.° quand ils
auront intérêt personnel à la contestation; 2.° quand ils
seront parens ou alliés d'une des parties, jusqu'au degré de
cousin-germain inclusivement; 3.° si, dans l'année qui
a précédé la récusation, il y a eu procès criminel entr'eux
et l'une des parties ou leurs conjoints, ou leurs parens et alliés
en ligne directe; 4.° s'il y a procès civil existant entre eux et

l'une des parties, ou leurs conjoints; 5.º s'ils ont donné un avis écrit dans l'affaire.

45. La partie qui voudra récuser un juge de paix, sera tenue de former la récusation, et d'en exposer les motifs par un acte qu'elle fera signifier, par le premier huissier requis, au greffier de la justice de paix, qui visera l'original. L'exploit sera signé, sur l'original et la copie, par la partie ou son fondé de pouvoir spécial. La copie sera déposée au greffe et communiquée immédiatement au juge par le greffier.

46. Le juge sera tenu de donner au bas de cet acte, dans le dé'ai de deux jours, sa déclaration par écrit, portant, ou son acquiescement à la récusation, ou son refus de s'abstenir, avec ses réponses aux moyens de récusation.

47. Dans les trois jours de la réponse du juge qui refuse de s'abstenir, ou faute par lui de répondre, expédition de l'acte de récusation et de la déclaration du juge, s'il y en a, sera envoyée par le greffier, sur la réquisition de la partie la plus diligente, au procureur impérial près le tribunal de première instance, dans le ressort duquel la justice de paix est située : la récusation y sera jugée en dernier ressort dans la huitaine, sur les conclusions du procureur impérial, sans qu'il soit besoin d'appeler les parties.

LIVRE II.

DES TRIBUNAUX INFÉRIEURS.

TITRE PREMIER.

De la Conciliation.

ART. 48.

Aucune demande principale introductive d'instance entre parties capables de transiger, et sur des objets qui peuvent être la matière d'une transaction, ne sera reçue dans les tribunaux de première instance, que le défendeur n'ait été préalablement appelé en conciliation devant le juge de paix, ou que les parties n'y aient volontairement comparu.

49. Sont dispensées du préliminaire de la conciliation,
1.º Les demandes qui intéressent l'Etat et le domaine, les communes, les établissemens publics, les mineurs, les interdits, les curateurs aux successions vacantes;
2.º Les demandes qui requièrent célérité;
3.º Les demandes en intervention ou en garantie;
4.º Les demandes en matière de commerce;
5.º Les demandes de mise en liberté, en main-levée de saisie ou opposition, en paiement de loyers, fermages ou arrérages de rentes ou pensions; celle des avoués en paiement des frais;

6.º Les demandes formées contre plus de deux parties, encore qu'elles aient le même intérêt;

7.º Les demandes en vérification d'écritures, en désaveu, en règlement de juges, en renvoi, en prise à partie; les demandes contre un tiers saisi, et en général sur les saisies, sur les offres réelles, sur la remise des titres, sur leur communication, sur les séparations de biens, sur les tutelles et curatelles, et enfin toutes les causes exceptées par les lois.

50. Le défendeur sera cité en conciliation,

1.° En matière personnelle et réelle, devant le juge de paix de son domicile; s'il y a deux défendeurs, devant le juge de l'un d'eux, au choix du demandeur;

2.° En matière de société autre que celles de commerce, tant qu'elle existe, devant le juge du lieu où elle est établie;

3°. En matière de succession, sur les demandes entre héritiers, jusqu'au partage inclusivement; sur les demandes qui seraient intentées par les créanciers du défunt, avant le partage; sur les demandes relatives à l'exécution des dispositions à cause de mort, jusqu'au jugement définitif, devant le juge de paix du lieu où la succession est ouverte.

51. Le délai de la citation sera de trois jours, au moins.

52. La citation sera donnée par un huissier de la justice de paix du défendeur; elle énoncera sommairement l'objet de la conciliation.

53. Les parties comparaîtront en personne; en cas d'empêchement, par un fondé de pouvoir.

54. Lors de la comparution, le demandeur pourra expliquer, même augmenter sa demande, et le défendeur former celles qu'il jugera convenables; le procès-verbal qui en sera dressé contiendra les conditions de l'arrangement, s'il y en a; dans le cas contraire, il fera sommairement mention que les parties n'ont pu s'accorder.

Les conventions des parties, insérées au procès-verbal, ont force d'obligation privée.

55. Si l'une des parties défère le serment à l'autre, le juge de paix le recevra, ou fera mention du refus de le prêter.

56. Celle des parties qui ne comparaîtra pas sera condamnée à une amende de dix francs, et toute audience lui sera refusée jusqu'à ce qu'elle ait justifié de la quittance.

57. La citation en conciliation interrompra la prescription, et fera courir les intérêts, le tout, pourvu que la demande soit formée dans le mois, à dater du jour de la non comparution ou de la non conciliation.

58. En cas de non comparution de l'une des parties, il en sera fait mention sur le registre du greffe de la justice de paix, et sur l'original ou la copie de la citation, sans qu'il soit besoin de dresser procès-verbal.

TITRE II.

Des Ajournemens.

59. En matière personnelle, le défendeur sera assigné devant le tribunal de son domicile; s'il n'a pas de domicile, devant le tribunal de sa résidence;

S'il y a plusieurs défendeurs devant le tribunal du domicile de l'un d'eux, au choix du demandeur;

En matière réelle, devant le tribunal de la situation de l'objet litigieux;

En matière mixte, devant le juge de la situation, ou devant le juge du domicile du défendeur;

En matière de société, tant qu'elle existe, devant le juge du lieu où elle est établie;

En matière de succession, 1.° sur les demandes entre héritiers, jusqu'au partage inclusivement; 2°. sur les demandes qui seraient intentées par des créanciers du défunt avant le partage; 3.° sur les demandes relatives à l'exécution des dispositions à cause de mort, jusqu'au jugement définitif, devant le tribunal du lieu où la succession est ouverte;

En matière de faillite, devant le juge du domicile du failli;

En matière de garantie, devant le juge où la demande originaire sera pendante;

Enfin, en cas d'élection de domicile pour l'exécution d'un acte, devant le tribunal du domicile élu, ou devant le tribunal du domicile réel du défendeur, conformément à l'article 111 du Code civil.

60. Les demandes formées pour frais par les officiers ministériels, seront portées au tribunal où les frais ont été faits.

61. L'exploit d'ajournement contiendra. 1.° la date des jour, mois et an, les noms, profession et domicile du demandeur, la constitution de l'avoué qui occupera pour lui, et chez lequel l'élection de domicile sera de droit, à moins d'une élection contraire par le même exploit;

2.° Les noms, demeure et immatricule de l'huissier; les noms et demeure du défendeur, et mention de la personne à laquelle copie de l'exploit sera laissée;

3.° L'objet de la demande, l'exposé sommaire des moyens;

4.° L'indication du tribunal qui doit connaître de la demande, et du délai pour comparaître; le tout à peine de nullité.

62. Dans le cas du transport d'un huissier, il ne lui sera payé pour tous frais de déplacement, qu'une journée au plus.

63. Aucun exploit ne sera donné un jour de fête légale, si ce n'est en vertu de permission du président du tribunal.

64. En matière réelle ou mixte, les exploits énonceront la nature de l'héritage, la commune, et autant qu'il est possible, la partie de la commune où il est situé; et deux au moins des tenans et aboutissans; s'il s'agit d'un domaine, corps de ferme ou métairie, il suffira d'en désigner le nom et la situation : le tout à peine de nullité.

65. Il sera donné, avec l'exploit, copie du procès-verbal de non conciliation, ou copie de la mention de non comparution, à peine de nullité; sera aussi donnée copie des pièces, ou de la partie des pièces sur lesquelles la demande est fondée : à défaut de ces copies, celles que le demandeur sera tenu de donner dans le cours de l'instance, n'entreront point en taxe.

66. L'huissier ne pourra instrumenter pour ses parens et alliés, et ceux de sa femme, en ligne directe à l'infini, ni pour ses parens et alliés collatéraux, jusqu'au degré de cousin issu de germain inclusivement; le tout à peine de nullité.

67. Les huissiers seront tenus de mettre à la fin de l'original et de la copie de l'exploit, le coût d'icelui, à peine de cinq francs d'amende, payables à l'instant de l'enregistrement.

68. Tous exploits seront faits à personne ou domicile; mais si l'huissier ne trouve au domicile ni la partie, ni aucun de ses parens ou serviteurs, il remettra de suite la copie à un voisin, qui signera l'original; si ce voisin ne peut ou ne veut signer, l'huissier remettra la copie au maire ou adjoint de la commune, lequel visera l'original sans frais. L'huissier fera mention du tout, tant sur l'original que sur la copie.

69. Seront assignés,

1.° L'Etat, lorsqu'il s'agit de domaines et droits domaniaux, en la personne ou au domicile du préfet du département où siége le tribunal devant lequel doit être portée la demande en première instance;

2.° Le trésor public, en la personne ou au bureau de l'agent;

3.° Les administrations ou établissemens publics, en leurs bureaux, dans le lieu où réside le siége de l'administration; dans les autres lieux, en la personne et au bureau de leur préposé;

4.° L'Empereur, pour ses domaines, en la personne du procureur impérial de l'arrondissement;

5.° Les communes, en la personne ou au domicile du maire, et à Paris, en la personne ou au domicile du préfet.

Dans les cas ci-dessus, l'original sera visé de celui à qui copie de l'exploit sera laissée; en cas d'absence ou de refus, le *visa* sera donné, soit par le juge de paix, soit par le procureur impérial près le tribunal de première instance, auquel, en ce cas, la copie sera laissée.

6°. Les sociétés de commerce, tant qu'elles existent en leur maison sociale; et s'il n'y en a pas, en la personne ou au domicile de l'un des associés;

7.° Les unions et directions de créanciers, en la personne ou au domicile de l'un des syndics ou directeurs;

8.° Ceux qui n'ont aucun domicile connu en France, au

lieu de leur résidence actuelle : si le lieu n'est pas connu, l'exploit sera affiché à la principale porte de l'auditoire du tribunal où la demande est portée ; une seconde copie sera donnée au procureur impérial, lequel visera l'original ;

9.° Ceux qui habitent le territoire français hors du continent, et ceux qui sont établis chez l'étranger, au domicile du procureur impérial près le tribunal où sera portée la demande, lequel visera l'original, et enverra la copie, pour les premiers, au ministre de la marine, et pour les seconds, à celui des relations extérieures.

70. Ce qui est prescrit pour les deux articles précédens, sera observé à peine de nullité.

71. Si un exploit est déclaré nul par le fait de l'huissier, il pourra être condamné aux frais de l'exploit et de la procédure annullée, sans préjudice des dommages et intérêts de la partie, suivant les circonstances.

72. Le délai ordinaire des ajournemens, pour ceux qui sont domiciliés en France, sera de huitaine.

Dans les cas qui requerront célérité, le président pourra, par ordonnance rendue sur requête, permettre d'assigner à bref délai.

73. Si celui qui est assigné demeure hors de la France continentale, le délai sera,

1.° Pour ceux demeurant en Corse, dans l'île d'Elbe ou de Capraja, en Angleterre et dans les États limitrophes de la France, de deux mois ;

2.° Pour ceux demeurant dans les autres États de l'Europe, de quatre mois ;

3.° Pour ceux demeurant hors d'Europe, en-deçà du Cap de Bonne-Espérance, de six mois ;

Et pour ceux demeurant au-delà, d'un an.

74. Lorsqu'une assignation à une partie domiciliée hors de la France sera donnée à sa personne en France, elle n'emportera que les délais ordinaires, sauf au tribunal à les prolonger, s'il y a lieu.

TITRE III.

Constitution d'Avoués, et Défenses.

75. Le défendeur sera tenu, dans les délais de l'ajournement, de constituer avoué, ce qui se fera par acte signifié d'avoué à avoué. Le défendeur ni le demandeur ne pourront révoquer leur avoué sans en constituer un autre. Les procédures faites et jugemens obtenus contre l'avoué révoqué et non remplacé, seront valables.

76. Si la demande a été formée à bref délai, le défendeur pourra, au jour de l'échéance, faire présenter à l'audience un avoué, auquel il sera donné acte de sa constitution; ce jugement ne sera point levé : l'avoué sera tenu de réitérer, dans le jour, sa constitution par acte; faute par lui de le faire, le jugement sera levé à ses frais.

77. Dans la quinzaine du jour de la constitution, le défendeur fera signifier ses défenses signées de son avoué; elles contiendront offre de communiquer les pièces à l'appui, ou à l'amiable, d'avoué à avoué ou par la voie du greffe.

78. Dans la huitaine suivante, le demandeur fera signifier sa réponse aux défenses.

79. Si le défendeur n'a point fourni ses défenses dans le délai de quinzaine, le demandeur poursuivra l'audience sur un simple acte d'avoué à avoué.

80. Après l'expiration du délai accordé au demandeur pour faire signifier sa réponse, la partie la plus diligente pourra poursuivre l'audience sur un simple acte d'avoué à avoué; pourra même le demandeur, poursuivre l'audience, après la signification des défenses, et sans y répondre.

81. Aucunes autres écritures ou significations n'entreront en taxe.

82. Dans tous les cas où l'audience peut être poursuivie sur

un acte d'avoué à avoué, il n'en sera admis en taxe qu'un seul pour chaque partie.

TITRE IV.

De la Communication au Ministère public.

83. Seront communiquées au procureur impérial les causes concernant,

1.º L'ordre public, l'Etat, le domaine, les communes, établissemens, publics, les dons et legs au profit des pauvres;

2.º L'état des personnes et les tutelles;

3.º Les déclinatoires sur incompétence;

4.º Les règlemens de juges, les récusations et renvois pour parenté et alliance;

5.º Les causes en prise à partie;

6.º Les causes des femmes non autorisées par leurs maris, ou même autorisées, lorsqu'il s'agit de leur dot et qu'elles sont mariées sous le régime dotal, les causes des mineurs, et généralement toutes celles où l'une des parties est défendue par un curateur;

7.º Les causes concernant ou intéressant les personnes présumées absentes;

8.º Le procureur impérial pourra néanmoins prendre communication de toutes les autres causes dans lesquelles il croira son ministère nécessaire; le tribunal pourra même l'ordonner d'office.

84. En cas d'absence ou empêchement des procureurs impériaux et de leurs substituts, ils seront remplacés par l'un des juges ou suppléans.

TITRE V.

TITRE V.

Des Audiences, de leur Publicité et de leur Police.

85. Pourront les parties, assistées de leurs avoués, se défendre elles-mêmes : le tribunal cependant aura la faculté de leur interdire ce droit, s'il reconnait que la passion ou l'inexpérience les empêche de discuter leur cause avec la décence convenable ou la clarté nécessaire pour l'instruction des juges.

86. Les parties ne pourront charger de leur défense, soit verbale, soit par écrit, même à titre de consultation, les juges en activité de service, procureurs généraux, procureurs impériaux, leurs substituts, même dans les tribunaux autres que ceux près desquels ils exercent leurs fonctions; pourront néanmoins les juges, procureurs généraux ou impériaux, et leurs substituts, plaider dans tous les tribunaux, leurs causes personnelles et celles de leurs femmes, parens ou alliés en ligne directe et de leurs pupilles.

87. Les plaidoiries seront publiques, excepté dans les cas où la loi ordonne qu'elles seront secrètes : pourra cependant le tribunal ordonner qu'elles se feront à huis clos, si la discussion publique devait entrainer ou scandale ou des inconvéniens graves ; mais, dans ce cas, le tribunal sera tenu d'en délibérer et de rendre compte de sa délibération au procureur général impérial près la cour d'appel ; et si la cause est pendante dans un tribunal d'appel, au grand-juge ministre de la justice.

88. Ceux qui assisteront aux audiences, se tiendront découverts, dans le respect et le silence : tout ce que le président ordonnera pour le maintien de l'ordre, sera exécuté ponctuellement et à l'instant.

La même disposition sera observée dans les lieux où, soit les juges, soit les procureurs impériaux, exerceront des fonctions de leur état.

89. Si un ou plusieurs individus, quels qu'ils soient, in-

terrompent le silence, donnent des signes d'approbation ou d'improbation, soit à la défense des parties, soit aux discours des juges ou du ministère public, soit aux interpellations, avertissemens ou ordres des président, juge-commissaire ou procureurs impériaux, soit aux jugemens ou ordonnances, causent ou excitent du tumulte de quelque manière que ce soit; et si, après l'avertissement des huissiers, ils ne rentrent pas dans l'ordre sur-le-champ, il leur sera enjoint de se retirer, et les résistans seront saisis et déposés à l'instant dans la maison d'arrêt pour vingt-quatre heures : ils y seront reçus sur l'exhibition de l'ordre du président, qui sera mentionné au procès-verbal de l'audience.

90. Si le trouble est causé par un individu remplissant une fonction près le tribunal, il pourra, outre la peine ci-dessus, être suspendu de ses fonctions : la suspension, pour la première fois, ne pourra excéder le terme de trois mois. Le jugement sera exécutoire par provision, ainsi que dans le cas de l'article précédent.

91. Ceux qui outrageraient ou menaceraient les juges, ou les officiers de justice, dans l'exercice de leurs fonctions, seront, de l'ordonnance du président, juge-commissaire ou du procureur impérial, chacun dans le lieu dont la police lui appartient, saisis et déposés à l'instant dans la maison d'arrêt, interrogés dans les vingt-quatre heures, et condamnés par le tribunal, sur le vu du procès-verbal qui constatera le délit, à une détention qui ne pourra excéder le mois, et à une amende qui ne pourra être moindre de vingt-cinq francs, ni excéder trois cents francs.

Si le délinquant ne peut être saisi à l'instant, le tribunal prononcera contre lui, dans les vingt-quatre heures, les peines ci-dessus, sauf l'opposition que le condamné pourra former dans les dix jours du jugement, en se mettant en état de détention.

92. Si les délits commis méritaient peine afflictive ou infamante, le prévenu sera envoyé en état de mandat de dépôt devant le tribunal compétent, pour être poursuivi et puni suivant les règles établies par le Code criminel.

TITRE VI.

Des Délibérés et Instructions par écrit.

93. Le tribunal pourra ordonner que les pièces seront mises sur le bureau, pour en être délibéré au rapport d'un juge nommé par le jugement, avec indication du jour auquel le rapport sera fait.

94. Les parties et leurs défenseurs seront tenus d'exécuter le jugement qui ordonnera le délibéré, sans qu'il soit besoin de le lever ni signifier, et sans sommation; si l'une des parties ne remet point ses pièces, la cause sera jugée sur les pièces de l'autre.

95. Si une affaire ne paraît pas susceptible d'être jugée sur plaidoirie ou délibéré, le tribunal ordonnera qu'elle sera instruite par écrit, pour en être fait rapport par l'un des juges, nommé par le jugement.

Aucune cause ne peut être mise en rapport qu'à l'audience et à la pluralité des voix.

96. Dans la quinzaine de la signification du jugement, le demandeur fera signifier une requête contenant ses moyens; elle sera terminée par un état des pièces produites au soutien.

Le demandeur sera tenu, dans les vingt-quatre heures qui suivront cette signification, de produire au greffe et de faire signifier l'acte de produit.

97. Dans la quinzaine de la production du demandeur au greffe, le défendeur en prendra communication, et fera signifier sa réponse avec état au bas des pièces au soutien; dans les vingt-quatre heures de cette signification, il rétablira au greffe la production par lui prise en communication, fera la sienne, et en signifiera l'acte.

Dans le cas où il y aurait plusieurs défendeurs, s'ils ont tout à la fois des avoués et des intérêts différens, ils auront chacun les délais ci-dessus fixés, pour prendre communication , répondre et produire : la communication leur sera donnée successivement, à commencer par le plus diligent.

98. Si le demandeur n'avait pas produit dans le délai ci-dessus fixé, le défendeur mettra sa production au greffe, ainsi qu'il a été dit ci-dessus , le demandeur n'aura que huitaine pour en prendre communication et contredire ; ce délai passé, il sera procédé au jugement , sur la production du défendeur.

99. Si c'est le défendeur qui ne produit pas dans le délai qui lui est accordé, il sera procédé au jugement, sur la production du demandeur.

100. Si l'un des délais fixés expire sans qu'aucun des défendeurs ait pris communication, il sera procédé au jugement sur ce qui aura été produit.

101. Faute par le demandeur de produire, le défendeur le plus diligent mettra sa production au greffe, et l'instruction sera continuée ainsi qu'il est dit ci-dessus.

102. Si l'une des parties veut produire de nouvelles pièces, elle le fera au greffe, avec acte de produit contenant état desdites pièces, lequel sera signifié à avoué, sans requête de production nouvelle ni écritures, à peine de rejet de la taxe, lors même que l'état des pièces contiendrait de nouvelles conclusions.

103. L'autre partie aura huitaine pour prendre communication et fournir sa réponse , qui ne pourra excéder six rôles.

104. Les avoués déclareront au bas des originaux et des copies de toutes leurs requêtes et écritures, le nombre des rôles, qui sera aussi énoncé dans l'acte de produit, à peine de rejet lors de la taxe.

105. Il ne sera passé en taxe que les écritures et significations énoncées au présent titre.

106. Les communications seront prises au greffe sur les récépissés des avoués, qui en contiendront la date.

107. Si les avoués ne rétablissent, dans les délais ci-dessus fixés, les productions par eux prises en communication, il sera, sur le certificat du greffier, et sur un simple acte pour venir plaider, rendu jugement à l'audience, qui les condamnera personnellement, et sans appel, à ladite remise, aux frais du jugement, sans répétition, et en dix francs au moins de dommages-intérêts par chaque jour de retard.

Si les avoués ne rétablissent les productions dans la huitaine de la signification dudit jugement, le tribunal pourra prononcer, sans appel, de plus forts dommages - intérêts, même condamner l'avoué par corps, et l'interdire pour tel temps qu'il estimera convenable.

Lesdites condamnations pourront être prononcées sur la demande des parties, sans qu'elles aient besoin d'avoués, et sur un simple mémoire qu'elles remettront ou au président ou au rapporteur, ou au procureur impérial.

108. Il sera tenu au greffe un registre sur lequel seront portées toutes les productions, suivant leur ordre de dates : ce registre, divisé en colonnes, contiendra la date de la production, les noms des parties, de leurs avoués et du rapporteur ; il sera laissé une colonne en blanc.

109. Lorsque toutes les parties auront produit, ou après l'expiration des délais ci-dessus fixés, le greffier, sur la réquisition de la partie la plus diligente, remettra les pièces au rapporteur, qui s'en chargera, en signant sur la colonne laissée en blanc au registre des productions.

110. Si le rapporteur décède, se démet, ou ne peut faire le rapport, il en sera commis un autre, sur requête, par ordonnance du président, signifiée à partie ou à son avoué, trois jours, au moins, avant le rapport.

111. Tous rapports, même sur délibérés, seront faits à l'audience ; le rapporteur résumera le fait et les moyens sans ouvrir son avis : les défenseurs n'auront, sous aucun prétexte, la parole après le rapport : ils pourront seulement remettre, sur le champ au président, de simples notes énonciatives des faits sur lesquels ils prétendraient que le rapport a été incomplet ou inexact.

112. Si la cause est susceptible de communication, le procureur impérial sera entendu en ses conclusions à l'audience.

113. Les jugemens rendus sur les pièces de l'une des parties faute par l'autre d'avoir produit, ne seront point susceptibles d'opposition.

114. Après le jugement, le rapporteur remettra les pièces au greffe, et il en sera déchargé par la seule radiation de sa signature sur le registre des productions.

115. Les avoués, en retirant leurs pièces, émargeront le registre; cet émargement servira de décharge au greffier.

TITRE VII.

Des Jugemens.

116. Les jugemens seront rendus à la pluralité des voix, et prononcés sur-le-champ : néanmoins les juges pourront se retirer dans la chambre du conseil pour y recueillir les avis; ils pourront aussi continuer la cause à une des prochaines audiences, pour prononcer le jugement.

117. S'il se forme plus de deux opinions, les juges plus faibles en nombre seront tenus de se réunir à l'une des deux opinions qui auront été émises par le plus grand nombre; toutefois ils ne seront tenus de s'y réunir qu'après que les voix auront été recueillies une seconde fois.

118. En cas de partage, on appellera pour le vider un juge; à défaut du juge, un suppléant; à son défaut, un avocat attaché au barreau; et, à son défaut, un avoué; tous appelés selon l'ordre du tableau : l'affaire sera de nouveau plaidée.

119. Si le jugement ordonne la comparution des parties, il indiquera le jour de la comparution.

120. Tout jugement qui ordonnera un serment, énoncera les faits sur lesquels il sera reçu.

121. Le serment sera fait par la partie, en personne, et à l'audience. Dans le cas d'un empêchement légitime et dûment constaté, le serment pourra être prêté devant le juge que le tribunal aura commis, et qui se transportera chez la partie, assisté du greffier.

Si la partie à laquelle le serment est déféré, est trop éloignée, le tribunal pourra ordonner qu'elle prêtera le serment devant le tribunal du lieu de sa résidence.

Dans tous les cas, le serment sera fait en présence de l'autre partie, ou elle dûment appelée par acte d'avoué à avoué, et, s'il n'y a pas d'avoué constitué, par exploit contenant l'indication du jour de la prestation.

122. Dans les cas où les tribunaux peuvent accorder des délais pour l'exécution de leurs jugemens, ils le feront par le jugement même qui statuera sur la contestation, et qui énoncera les motifs du délai.

123. Le délai courra du jour du jugement, s'il est contradictoire; et de celui de la signification, s'il est par défaut.

124. Le débiteur ne pourra obtenir un délai, ni jouir du délai qui lui aura été accordé, si ses biens sont vendus à la requête d'autres créanciers, s'il est en état de faillite, de contumace, ou s'il est constitué prisonnier, ni enfin lorsque par son fait il aura diminué les sûretés qu'il avait données par le contrat à son créancier.

125. Les actes conservatoires seront valables, nonobstant le délai accordé.

126. La contrainte par corps ne sera prononcée que dans les cas prévus par la loi; il est néanmoins laissé à la prudence des juges de la prononcer,

1.º Pour dommages et intérêts en matière civile, au-dessus de la somme de trois cents francs;

2.º Pour reliquats de comptes de tutelle, curatelle, d'administration de corps et communauté, établissemens publics ou de toute administration confiée par justice, et pour toutes restitutions à faire par suite desdits comptes.

127. Pourront les juges, dans les cas énoncés en l'article précédent, ordonner qu'il sera sursis à l'exécution de la contrainte par corps, pendant le temps qu'ils fixeront; après lequel, elle sera exercée sans nouveau jugement. Ce sursis ne pourra être accordé que par le jugement qui statuera sur la contestation, et qui énoncera les motifs de délai.

128. Tous jugemens qui condamneront en des dommages et intérêts, en contiendront la liquidation, ou ordonneront qu'ils seront donnés par état.

129. Les jugemens qui condamneront à une restitution de fruits, ordonneront qu'elle sera faite en nature, pour la dernière année; et pour les années précédentes, suivant les mercuriales du marché le plus voisin, eu égard aux saisons et prix communs de l'année, sinon à dire d'experts, à défaut de mercuriales. Si la restitution en nature pour la dernière année est impossible, elle se fera comme pour les années précédentes.

130. Toute partie qui succombera, sera condamnée aux dépens.

131. Pourront néanmoins les dépens être compensés en tout ou partie, entre conjoints, ascendans, descendans, frères et sœurs ou alliés au même degré; les juges pourront aussi compenser les dépens en tout ou en partie, si les parties succombent respectivement sur quelques chefs.

132. Les avoués et huissiers qui auront excédé les bornes de leur ministère, les tuteurs, curateurs, héritiers bénéficiaires ou autres administrateurs qui auront compromis les intérêts de leur administration, pourront être condamnés aux dépens, en leur nom et sans répétition, même aux dommages et intérêts s'il y a lieu; sans préjudice de l'interdiction contre les avoués et huissiers, et de la destitution contre les tuteurs et autres, suivant la gravité des circonstances.

133. Les avoués pourront demander la distraction des dépens à leur profit, en affirmant, lors de la prononciation du jugement, qu'ils ont fait la plus grande partie des avances. La distraction des dépens ne pourra être prononcée que par

le jugement qui en portera la condamnation; dans ce cas la taxe sera poursuivie et l'exécutoire délivré au nom de l'avoué, sans préjudice de l'action contre sa partie.

134. S'il a été formé une demande provisoire, et que la cause soit en état sur le provisoire et sur le fond, les juges seront tenus de prononcer sur le tout par un seul jugement.

135. L'exécution provisoire sans caution sera ordonnée s'il y a titre authentique, promesse reconnue, ou condamnation précédente par jugement dont il n'y ait point d'appel;

L'exécution provisoire pourra être ordonnée, avec ou sans caution, lorsqu'il s'agira,

1.ᵃ D'apposition et levée de scellés, ou confection d'inventaire;

2.ᵃ De réparations urgentes;

3.° D'expulsion des lieux, lorsqu'il n'y a pas de bail, ou que le bail est expiré;

4.° De séquestres, commissaires et gardiens;

5.° De réception de caution et certificateurs;

6.° De nomination de tuteurs, curateurs et autres administrateurs, et de reddition de compte;

7.ᵃ De pensions ou provisions alimentaires.

136. Si les juges ont omis de prononcer l'exécution provisoire, ils ne pourront l'ordonner par un second jugement, sauf aux parties à la demander sur l'appel.

137. L'exécution provisoire ne pourra être ordonnée pour les dépens, quand même ils seraient adjugés pour tenir lieu de dommages et intérêts.

138. Le président et le greffier signeront la minute de chaque jugement aussitot qu'il sera rendu : il sera fait mention, en marge de la feuille d'audience, des juges et du procureur impérial qui y auront assisté ; cette mention sera également signée par le président et le greffier.

139. Les greffiers qui délivreront expédition d'un jugement avant qu'il ait été signé, seront poursuivis comme faussaires.

140. Les procureurs impériaux et généraux se feront re-

présenter tous les mois les minutes des jugemens, et véri-
fieront s'il a été satisfait aux dispositions ci-dessus : en cas
de contravention ils en dresseront procès-verbal, pour être
procédé ainsi qu'il appartiendra.

141. La rédaction des jugemens contiendra les noms des
juges, du procureur impérial, s'il a été entendu, ainsi que des
avoués; les noms, professions et demeures des parties, leurs
conclusions, l'exposition sommaire des points de fait et de
droit, les motifs et le dispositif des jugemens.

142. La rédaction sera faite sur les qualités signifiées entre
les parties ; en conséquence, celle qui voudra lever un jugement contradictoire, sera tenue de signifier à l'avoué de
son adversaire, les qualités, contenant les noms, professions
et demeures des parties, les conclusions et les points de fait
et de droit.

143. L'original de cette signification restera pendant vingt-
quatre heures entre les mains des huissiers audienciers.

144. L'avoué qui voudra s'opposer soit aux qualités, soit à
l'exposé de points de fait et de droit, le déclarera à l'huissier,
qui sera tenu d'en faire mention.

145. Sur un simple acte d'avoué à avoué, les parties seront
réglées sur cette opposition par le juge qui aura présidé ;
en cas d'empêchement, par le plus ancien, suivant l'ordre
du tableau.

146. Les expéditions des jugemens seront intitulées et terminées, ainsi qu'il a été prescrit par l'acte des constitutions de
l'Empire, du 28 floréal an XII.

147. S'il y a avoué en cause, le jugement ne pourra être
exécuté qu'après avoir été signifié à avoué, à peine de nullité :
les jugemens provisoires et définitifs qui prononceront des
condamnations, seront en outre signifiés à la partie, à personne ou domicile, et il sera fait mention de la signification
à l'avoué.

148. Si l'avoué est décédé, ou a cessé de postuler, la signi-

fication à partie suffira ; mais il y sera fait mention du décès ou de la cessation des fonctions de l'avoué.

TITRE VIII.

Des Jugemens par défaut et Oppositions.

149. Si le défendeur ne constitue pas avoué, ou si l'avoué constitué ne se présente pas au jour indiqué pour l'audience, il sera donné défaut.

150. Le défaut sera prononcé à l'audience, sur l'appel de la cause, et les conclusions de la partie qui le réquiert, seront adjugées, si elles se trouvent justes et bien vérifiées : pourront néanmoins les juges faire mettre les pièces sur le bureau, pour prononcer le jugement à l'audience suivante.

151. Lorsque plusieurs parties auront été citées pour le même objet, à différens délais, il ne sera pris défaut contre aucune d'elles, qu'après l'échéance du plus long délai.

152. Toutes les parties appelées et défaillantes seront comprises dans le même défaut ; et s'il en est pris contre chacune d'elles séparément, les frais desdits défauts n'entreront point en taxe, et resteront à la charge de l'avoué, sans qu'il puisse les répéter contre la partie.

153. Si de deux ou de plusieurs parties assignées, l'une fait défaut et l'autre comparait, le profit du défaut sera joint, et le jugement de jonction sera signifié à la partie défaillante par un huissier commis : la signification contiendra assignation au jour auquel la cause sera appelée ; il sera statué par un seul jugement, qui ne sera pas susceptible d'opposition.

154. Le défendeur qui aura constitué avoué, pourra, sans avoir fourni de défenses, suivre l'audience par un seul acte, et prendre défaut contre le demandeur qui ne comparaîtrait pas.

155. Les jugemens par défaut ne seront pas exécutés avant l'échéance de la huitaine de la signification à avoué, s'il y a

eu constitution d'avoué, et de la signification à personne ou domicile, s'il n'y pas eu constitution d'avoué ; à moins qu'en cas d'urgence, l'exécution n'en ait été ordonnée avant l'expiration de ce délai dans les cas prévus par l'art. 135.

Pourront aussi les juges, dans les cas seulement où il y aurait péril en la demeure, ordonner l'exécution nonobstant l'opposition, avec ou sans caution, ce qui ne pourra se faire que par le même jugement.

156. Tous jugemens par défaut contre une partie qui n'a pas constitué d'avoué, seront signifiés par un huissier commis, soit par le tribunal, soit par le juge du domicile du défaillant que le tribunal aura désigné ; ils seront exécutés dans les six mois de leur obtention, sinon seront réputés non avenus.

157. Si le jugement est rendu contre une partie ayant un avoué, l'opposition ne sera recevable que pendant huitaine, à compter du jour de la signification à avoué.

158. S'il est rendu contre une partie qui n'a pas d'avoué, l'opposition sera recevable jusqu'à l'exécution du jugement.

159. Le jugement est réputé exécuté, lorsque les meubles saisis ont été vendus, ou que le condamné a été emprisonné ou recommandé, ou que la saisie d'un ou plusieurs de ses immeubles lui a été notifiée, ou que les frais ont été payés, ou enfin lorsqu'il y a quelque acte duquel il résulte nécessairement que l'exécution du jugement a été connue de la partie défaillante : l'opposition formée dans les délais ci-dessus et dans les formes ci-après prescrites, suspend l'exécution, si elle n'a pas été ordonnée nonobstant opposition.

160. Lorsque le jugement aura été rendu contre une partie ayant un avoué, l'opposition ne sera recevable qu'autant qu'elle aura été formée par requête d'avoué à avoué.

161. La requête contiendra les moyens d'opposition, à moins que des moyens de défense n'aient été signifiés avant le jugement, auquel cas il suffira de déclarer qu'on les emploie comme moyen d'opposition : l'opposition qui ne sera pas signifiée dans cette forme, n'arrêtera pas l'exécution ; elle

sera rejetée sur un simple acte, et sans qu'il soit besoin d'aucune autre instruction.

162. Lorsque le jugement aura été rendu contre une partie n'ayant pas d'avoué, l'opposition pourra être formée, soit par un acte judiciaire, soit par déclaration sur les commandemens, procès-verbaux de saisie ou d'emprisonnement, ou tout autre acte d'exécution, à la charge par l'opposant de la réitérer avec constitution d'avoué, par requête, dans la huitaine; passé lequel temps elle ne sera plus recevable, et l'exécution sera continuée, sans qu'il soit besoin de le faire ordonner.

Si l'avoué de la partie qui a obtenu le jugement, est décédé, ou ne peut plus postuler, elle fera notifier une nouvelle constitution d'avoué au défaillant, lequel sera tenu, dans les délais ci-dessus, à compter de la signification, de réitérer son opposition par requête, avec constitution d'avoué.

Dans aucuns cas, les moyens d'opposition fournis postérieurement à la requête n'entreront en taxe.

163. Il sera tenu au greffe un registre sur lequel l'avoué de l'opposant fera mention sommaire de l'opposition, en énonçant les noms des parties et de leurs avoués, les dates du jugement et de l'opposition : il ne sera dû-de droit d'enregistrement que dans le cas où il en serait délivré expédition.

164. Aucun jugement par défaut ne sera exécuté à l'égard d'un tiers, que sur un certificat du greffier, constatant qu'il n'y a aucune opposition portée sur le registre.

165. L'opposition ne pourra jamais être reçue contre un jugement qui aurait débouté d'une première opposition.

TITRE IX.

Des Exceptions.

§ Ier

De la Caution à fournir par les Étrangers.

166. Tous étrangers, demandeurs principaux ou intervenans, seront tenus, si le défendeur le requiert, avant toute exception, de fournir caution de payer les frais et dommages-intérêts auxquels ils pourraient être condamnés.

167. Le jugement qui ordonnera la caution, fixera la somme jusqu'à concurrence de laquelle elle sera fournie; le demandeur qui consignera cette somme, ou justifiera que ses immeubles situés en France sont suffisans pour en répondre, sera dispensé de fournir caution.

§ II.

Des Renvois.

168. La partie qui aura été appelée devant un tribunal autre que celui qui doit connaître de la contestation, pourra demander son renvoi devant les juges compétens.

169. Elle sera tenue de former cette demande préalablement à toutes autres exceptions et défenses.

170. Si néanmoins le tribunal était incompétent à raison de la matière, le renvoi pourra être demandé en tout état de cause; et si le renvoi n'était pas demandé, le tribunal sera tenu de renvoyer d'office devant qui de droit.

171. S'il a été formé précédemment, en un autre tribunal, une demande pour le même objet, ou si la contestation est connexe à une cause déjà pendante en un autre tribunal, le renvoi pourra être demandé et ordonné.

172. Toute demande en renvoi sera jugée sommairement, sans qu'elles puisse être réservée ni jointe au principal.

§ III.

Des Nullités.

173. Toute nullité d'exploit ou d'acte de procédure est couverte si elle n'est proposée avant toute défense ou exception autres que les exceptions d'incompétence.

§ IV.

Des Exceptions dilatoires.

174. L'héritier, la veuve, la femme divorcée ou séparée de biens, assignée comme commune, auront trois mois, du jour de l'ouverture de la succession ou dissolution de la communauté, pour faire inventaire, et quarante jours pour délibérer; si l'inventaire a été fait avant les trois mois, le délai de quarante jours commencera du jour qu'il aura été parachevé.

S'ils justifient que l'inventaire n'a pu être fait dans les trois mois, il leur sera accordé un délai convenable pour le faire, et quarante jours pour délibérer, ce qui sera réglé sommairement.

L'héritier conserve néanmoins, après l'expiration des délais ci-dessus accordés, la faculté de faire encore inventaire et de se porter héritier bénéficiaire, s'il n'a pas fait d'ailleurs acte d'héritier, ou s'il n'existe pas contre lui de jugement passé en force de chose-jugée qui le condamne en qualité d'héritier pur et simple.

175. Celui qui prétendra avoir droit d'appeler en garantie, sera tenu de le faire dans la huitaine du jour de la demande originaire, outre un jour pour trois myriamètres. S'il y a plusieurs garans intéressés en la même garantie, il n'y aura qu'un seul délai pour tous, qui sera réglé selon la distance du lieu de la demeure du garant le plus éloigné.

176. Si le garant prétend avoir droit d'en appeler un autre,

en sous-garantie, il sera tenu de le faire dans le délai ci-dessus, à compter du jour de la demande en garantie formée contre lui; ce qui sera successivement observé à l'égard du sous-garant ultérieur.

177. Si néanmoins le défendeur originaire est assigné dans les délais pour faire inventaire et délibérer, le délai pour appeler garant ne commencera que du jour où ceux pour faire inventaire et délibérer seront expirés.

178. Il n'y aura pas d'autre délai pour appeler garant, en quelque matière que ce soit, sous prétexte de minorité ou autre cause privilégiée ; sauf à poursuivre les garans, mais sans que le jugement de la demande principale en soit retardé.

179. Si les délais des assignations en garantie ne sont échus en même temps que celui de la demande originaire, il ne sera pris aucun défaut contre le défendeur originaire, lorsque, avant l'expiration du délai, il aura déclaré, par acte d'avoué à avoué, qu'il a formé sa demande en garantie ; sauf si le défendeur, après l'échéance du délai, pour appeler le garant, ne justifie pas de la demande en garantie, à faire droit sur la demande originaire, même à le condamner à des dommages-intérêts, si la demande en garantie par lui alléguée se trouve n'avoir pas été formée.

180. Si le demandeur originaire soutient qu'il n'y a lieu au délai pour appeler garant, l'incident sera jugé sommairement.

181. Ceux qui seront assignés en garantie, seront tenus de procéder devant le tribunal où la demande originaire sera pendante, encore qu'ils dénient être garans; mais s'il paraît par écrit, ou par l'évidence du fait, que la demande originaire n'a été formée que pour les traduire hors de leur tribunal, ils y seront renvoyés.

182. En garantie formelle, pour les matières réelles ou hypothécaires, le garant pourra toujours prendre le fait et cause du garanti, qui sera mis hors de cause, s'il le requiert avant le premier jugement.

Cependant le garanti, quoique mis hors de cause, pourra y

assister

assister pour la conservation de ses droits, et le demandeur originaire pourra demander qu'il y reste pour la conservation des siens.

183. En garantie simple, le garant pourra seulement intervenir, sans prendre le fait et cause du garanti.

184. Si les demandes originaires et en garantie sont en état d'être jugées en même temps, il y sera fait droit conjointement; sinon le demandeur originaire pourra faire juger sa demande séparément.: le même jugement prononcera sur la disjonction, si les deux instances ont été jointes; sauf, après le jugement du principal, à faire droit sur la garantie, s'il y échet.

185. Les jugemens rendus contre les garans formels seront exécutoires contre les garantis.

Il suffira de signifier le jugement aux garantis, soit qu'ils aient été mis hors de cause, ou qu'ils y aient assisté, sans qu'il soit besoin d'autre demande ni procédure. A l'égard des dépens, dommages et intérêts, la liquidation et l'exécution ne pourront en être faites que contre les garans.

Néanmoins, en cas d'insolvabilité du garant, le garanti sera passible des dépens, à moins qu'il n'ait été mis hors de cause; il le sera aussi des dommages et intérêts, si le tribunal juge qu'il y a lieu.

186. Les exceptions dilatoires seront proposées conjointement et avant toutes défenses au fond.

187. L'héritier, la veuve et la femme divorcée ou séparée, pourront ne proposer leurs exceptions dilatoires qu'après l'échéance des délais pour faire inventaire et délibérer.

§ V.

De la Communication des Pièces.

188. Les parties pourront respectivement demander, par un simple acte, communication des pièces employées contre

elles, dans les trois jours où lesdites pièces auront eté signifiées ou employées.

189. La communication sera faite entre avoués, sur récépissés, ou par dépôt au gref : les pièces ne pourront être déplacées, si ce n'est qu'il y en ait minute, ou que la partie y consente.

190. Le délai de la communication sera fixé, ou par le récépissé de l'avoué, ou par le jugement qui l'aura ordonnée : s'il n'était pas fixé, il sera de trois jours.

191. Si, après l'expiration du délai, l'avoué n'a pas rétabli les pièces, il sera, sur simple requête, et même sur simple mémoire de la partie, rendu ordonnance portant qu'il sera contraint à ladite remise, incontinent et par corps ; même à payer trois francs de dommages-intérêts à l'autre partie, par chaque jour de retard, du jour de la signification de ladite ordonnance, outre les frais desdites requête et ordonnance, qu'il ne pourra répéter contre son constituant.

192. En cas d'opposition, l'incident sera réglé sommairement : si l'avoué succombe, il sera condamné personnellement aux dépens de l'incident, même en tels autres dommages-intérêts et peines qu'il appartiendra, suivant la nature des circonstances.

TITRE X.

De la Vérification des Écritures.

193. Lorsqu'il s'agira de reconnaissance et vérification d'écritures privées, le demandeur pourra, sans permission du juge, faire assigner à trois jours pour avoir acte de la reconnaissance, ou pour faire tenir l'écrit pour reconnu.

Si le défendeur ne dénie pas la signature, tous les frais relatifs à la reconnaissance ou à la vérification, même ceux de l'enregistrement de l'écrit, seront à la charge du demandeur.

194. Si le défendeur ne comparaît pas, il sera donné défaut,

et l'écrit sera tenu pour reconnu; si le défendeur reconnaît l'écrit, le jugement en donnera acte au demandeur.

195. Si le défendeur dénie la signature à lui attribuée, ou déclare ne pas reconnaître celle attribuée à un tiers, la vérification en pourra être ordonnée tant par titres que par experts et par témoins.

196. Le jugement qui autorisera la vérification, ordonnera qu'elle sera faite par trois experts, et les nommera d'office; à moins que les parties ne se soient accordées pour les nommer. Le même jugement commettra le juge devant qui la vérification se fera; il portera aussi que la pièce à vérifier sera déposée au greffe, après que son état aura été constaté et qu'elle aura été signée et paraphée par le demandeur ou son avoué, et par le greffier, lequel dressera du tout un procès-verbal.

197. En cas de récusation contre le juge-commissaire ou les experts, il sera procédé ainsi qu'il est prescrit aux titres *des Récusations de juges* et *des Visites d'experts.*

198. Dans les trois jours du dépôt de la pièce, le défendeur pourra en prendre communication au greffe, sans déplacement; lors de ladite communication, la pièce sera paraphée par lui ou par son avoué, ou par son fondé de pouvoir spécial, et le greffier en dressera procès-verbal.

199. Au jour indiqué par l'ordonnance du juge-commissaire, et sur la sommation de la partie la plus diligente, signifiée à avoué s'il en a été constitué, sinon à domicile, par un huissier commis par ladite ordonnance, les parties seront tenues de comparaître devant ledit commissaire, pour convenir de pièces de comparaison : si le demandeur en vérification ne comparaît pas, la pièce sera rejetée; si c'est le défendeur, le juge pourra tenir la pièce pour reconnue. Dans les deux cas, le jugement sera rendu à la prochaine audience, sur le rapport du juge-commissaire, sans acte à venir plaider; il sera susceptible d'opposition.

200. Si les parties ne s'accordent pas sur les pièces de comparaison, le juge ne pourra recevoir comme telles,

1.° Que les signatures apposées aux actes par-devant notaires, ou celles apposées aux actes judiciaires, en présence du juge et du greffier, ou enfin les pièces écrites et signées par celui dont il s'agit de comparer l'écriture, en qualité de juge, greffier, notaire, avoué, huissier, ou comme faisant, à tout autre titre, fonction de personne publique;

2.° Les écritures et signatures privées, reconnues par celui à qui est attribuée la pièce à vérifier, mais non celles déniées ou non reconnues par lui, encore qu'elles eussent été précédemment vérifiées et reconnues être de lui.

Si la dénégation ou méconnaissance ne porte que sur partie de la pièce à vérifier, le juge pourra ordonner que le surplus de ladite pièce servira de pièce de comparaison.

201. Si les pièces de comparaison sont entre les mains de dépositaires publics ou autres, le juge-commissaire ordonnera qu'aux jour et heure par lui indiqués, les détenteurs desdites pièces les apporteront au lieu où se fera la vérification ; à peine, contre les dépositaires publics, d'être contraints par corps, et les autres par les voies ordinaires, sauf même à prononcer contre ces derniers la contrainte par corps, s'il y échet.

202. Si les pièces de comparaison ne peuvent être déplacées, ou si les détenteurs sont trop éloignés, il est laissé à la prudence du tribunal d'ordonner, sur le rapport du juge-commissaire, et après avoir entendu le procureur impérial, que la vérification se fera dans le lieu de la demeure des dépositaires, ou dans le lieu le plus proche, ou que, dans un délai déterminé, les pièces seront envoyées au greffe par les voies que le tribunal indiquera par son jugement.

203. Dans ce dernier cas, si le dépositaire est personne publique, il fera préalablement expédition ou copie collationnée des pièces, laquelle sera vérifiée sur la minute ou original par le président du tribunal de son arrondissement, qui en dressera procès-verbal : ladite expédition ou copie sera mise par le dépositaire au rang de ses minutes, pour en tenir lieu jusqu'au renvoi de la pièce; et il pourra en délivrer des grosses ou expéditions, en faisant mention du procès-verbal qui aura été dressé.

Le dépositaire sera remboursé de ses frais par le demandeur

en vérification, sur la taxe qui en sera faite par le juge qui aura dressé le procès-verbal, d'après lequel sera délivré exécutoire.

204. La partie la plus diligente fera sommer par exploit les experts et les dépositaires, de se trouver aux lieu, jour et heure indiqués par l'ordonnance du juge-commissaire; les experts, à l'effet de prêter serment, et de procéder à la vérification, et les dépositaires, à l'effet de représenter les pièces de comparaison: il sera fait sommation à la partie d'être présente, par acte d'avoué à avoué; il sera dressé du tout procès-verbal: il en sera donné aux dépositaires copie par extrait, en ce qui les concerne, ainsi que du jugement.

205. Lorsque les pièces seront représentées par les dépositaires, il est laissé à la prudence du juge-commissaire d'ordonner qu'ils resteront présens à la vérification, pour la garde desdites pièces, et qu'ils les retireront et représenteront à chaque vacation; ou d'ordonner qu'elles resteront déposées ès mains du greffier, qui s'en chargera par procès-verbal: dans ce dernier cas, le dépositaire, s'il est personne publique, pourra en faire expédition, ainsi qu'il est dit par l'article 205; et ce, encore que le lieu où se fait la vérification soit hors de l'arrondissement dans lequel le dépositaire a le droit dinstrumenter.

206. A défaut ou en cas d'insuffisance des pièces de comparaison, le juge-commissaire pourra ordonner qu'il sera fait un corps d'écritures, lequel sera dicté par les experts, le demandeur présent ou appelé.

207. Les experts ayant prêté serment, les pièces leur étant communiquées, ou le corps d'écritures fait, les parties se retireront, après avoir fait, sur le procès-verbal du juge-commissaire, telles réquisitions et observations qu'elles aviseront.

208. Les experts procéderont conjointement à la vérification, au greffe, devant le greffier ou devant le juge, s'il l'a ainsi ordonné; et s'ils ne peuvent terminer le même jour, ils rémettront à jour et heure certains indiqués par le juge ou par le greffier.

209. Leur rapport sera annexé à la minute du procès-verbal du juge-commissaire, sans qu'il soit besoin de l'affirmer; les pièces seront remises aux dépositaires, qui en déchargeront le greffier, sur le procès-verbal.

La taxe des journées et vacations des experts sera faite, sur le procès-verbal, et il en sera délivré exécutoire contre le demandeur en vérification.

210. Les trois experts seront tenus de dresser un rapport commun et motivé, et de ne former qu'un seul avis à la pluralité des voix.

S'il y a des avis différens, le rapport en contiendra les motifs, sans qu'il soit permis de faire connaître l'avis particulier des experts.

211. Pourront être entendus comme témoins, ceux qui auront vu écrire ou signer l'écrit en question, ou qui auront connaissance de faits pouvant servir à découvrir la vérité.

212. En procédant à l'audition des témoins, les pièces déniées ou méconnues leur seront représentées, et seront par eux paraphées; il en sera fait mention, ainsi que de leur refus: seront, au surplus, observées les règles ci-après prescrites pour les enquêtes.

213. S'il est prouvé que la pièce est écrite ou signée par celui qui l'a déniée, il sera condamné à cent cinquante francs d'amende envers le domaine, outre les dépens, dommages et intérêts de la partie, et pourra être condamné par corps même pour le principal.

TITRE XI.

Du faux incident civil.

214. Celui qui prétend qu'une pièce signifiée, communiquée ou produite dans le cours de la procédure, est fausse ou falsifiée, peut, s'il y échoit, être reçu à s'inscrire en faux, encore que ladite pièce ait été vérifiée, soit avec le demandeur, soit avec le défendeur en faux, à d'autres fins que

celles d'une poursuite de faux principal ou incident, et qu'en conséquence il soit intervenu un jugement sur le fondement de ladite pièce comme véritable.

215. Celui qui voudra s'inscrire en faux, sera tenu préalablement de sommer l'autre partie, par acte d'avoué à avoué, de déclarer si elle veut ou non se servir de la pièce, avec déclaration que, dans le cas où elle s'en servirait, il s'inscrira en faux.

216. Dans les huit jours, la partie sommée doit faire signifier, par acte d'avoué, sa déclaration signée d'elle, ou du porteur de sa procuration spéciale et authentique, dont copie sera donnée, si elle entend ou non se servir de la pièce arguée de faux.

217. Si le défendeur à cette sommation ne fait cette déclaration, ou s'il déclare qu'il ne veut pas se servir de la pièce, le demandeur pourra se pourvoir à l'audience, sur un simple acte, pour faire ordonner que la pièce maintenue fausse sera rejetée par rapport au défendeur ; sauf au demandeur à en tirer telles indications ou conséquences qu'il jugera à propos, ou à former telles demandes qu'il avisera, pour ses dommages et intérêts.

218. Si le défendeur déclare qu'il veut se servir de la pièce, le demandeur déclarera par acte au greffe, signé de lui ou de son fondé de pouvoir spécial et authentique, qu'il entend s'inscrire en faux ; il poursuivra l'audience sur un simple acte, à l'effet de faire admettre l'inscription, et faire nommer le commissaire devant lequel elle sera poursuivie.

219. Le défendeur sera tenu de remettre la pièce arguée de faux, au greffe, dans trois jours de la signification du jugement qui aura admis l'inscription et nommé le commissaire, et de signifier l'acte de mise au greffe dans les trois jours suivans.

220. Faute par le défendeur de satisfaire, dans ledit délai, à ce qui est prescrit par l'article précédent, le demandeur pourra se pourvoir à l'audience, pour faire statuer sur le rejet

de ladite pièce, suivant ce qui est porté en l'article 217 ci-dessus ; si mieux il n'aime demander qu'il lui soit permis de faire remettre ladite pièce au greffe, à ses frais, dont il sera remboursé par le défendeur comme de frais préjudiciaux ; à l'effet de quoi, il lui en sera délivré exécutoire.

221. En cas qu'il y ait minute de la pièce arguée de faux, il sera ordonné, s'il y a lieu, par le juge-commissaire, sur la requête du demandeur, que le défendeur sera tenu, dans le temps qui lui sera prescrit, de faire apporter ladite minute au greffe, et que les dépositaires d'icelle y seront contraints, les fonctionnaires publics, par corps, et ceux qui ne le sont pas, par voie de saisie, amende, et même par corps, s'il y échet.

222. Il est laissé à la prudence du tribunal, d'ordonner, sur le rapport du juge-commissaire, qu'il sera procédé à la continuation de la poursuite du faux, sans attendre l'apport de la minute ; comme aussi, de statuer ce qu'il appartiendra, en cas que ladite minute ne pût être rapportée, ou qu'il fût suffisamment justifié qu'elle a été soustraite ou qu'elle est perdue.

223. Le délai pour l'apport de la minute court du jour de la signification de l'ordonnance ou jugement au domicile de ceux qui l'ont en leur possession.

224. Le délai qui aura été prescrit au défendeur pour faire apporter la minute, courra du jour de la signification de l'ordonnance ou du jugement à son avoué ; et faute par le défendeur d'avoir fait les diligences nécessaires pour l'apport de ladite minute dans ce délai, le demandeur pourra se pourvoir à l'audience, ainsi qu'il est dit article 217.

Les diligences ci-dessus prescrites au défendeur seront remplies en signifiant par lui aux dépositaires, dans le délai qui aura été prescrit, copie de la signification qui lui aura été faite de l'ordonnance ou du jugement ordonnant l'apport de ladite minute ; sans qu'il soit besoin, par lui, de lever expédition de ladite ordonnance ou dudit jugement.

225. La remise de ladite pièce prétendue fausse étant faite

au greffe, l'acte en sera signifié à l'avoué du demandeur, avec sommation d'être présent au procès-verbal; et trois jours après cette signification, il sera dressé procès-verbal de l'état de la pièce.

Si c'est le demandeur qui a fait faire la remise, ledit procès-verbal sera fait dans les trois jours de ladite remise, sommation préalablement faite au défendeur d'y être présent.

226. S'il a été ordonné que les minutes seraient apportées, le procès-verbal sera dressé conjointement, tant desdites minutes que des expéditions arguées de faux, dans les délais ci-dessus : pourra néanmoins le tribunal ordonner, suivant l'exigence des cas, qu'il sera d'abord dressé procès-verbal de l'état desdites expéditions, sans attendre l'apport desdites minutes, de l'état desquelles il sera, en ce cas, dressé procès-verbal séparément.

227. Le procès-verbal contiendra mention et description des ratures, surcharges, interlignes et autres circonstances du même genre; il sera dressé par le juge-commissaire, en présence du procureur impérial, du demandeur et du défendeur, ou de leurs fondés de procurations authentiques et spéciales : lesdites pièces et minutes seront paraphées par le juge-commissaire, le procureur impérial, par le défendeur et le demandeur, s'ils peuvent ou veulent les parapher ; sinon il en sera fait mention. Dans le cas de non comparution de l'une ou l'autre des parties, il sera donné défaut et passé outre au procès-verbal.

228. Le demandeur en faux, ou son avoué, pourra prendre communication, en tout état de cause, des pièces arguées de faux, par les mains du greffier, sans déplacement et sans retard.

229. Dans les huit jours qui suivront ledit procès-verbal, le demandeur sera tenu de signifier au défendeur ses moyens de faux, lesquels contiendront les faits, circonstances et preuves par lesquels il prétend établir le faux ou la falsification; sinon le défendeur pourra se pourvoir à l'audience pour faire ordonner, s'il y échet, que ledit demandeur demeurera déchu de son inscription en faux.

230. Sera tenu le défendeur, dans les huit jours de la signification des moyens de faux, d'y répondre par écrit; sinon le demandeur pourra se pourvoir à l'audience, pour faire statuer sur le rejet de la pièce, suivant ce qui est prescrit article 217 ci-dessus.

231. Trois jours après lesdites réponses, la partie la plus diligente pourra poursuivre l'audience; et les moyens de faux seront admis ou rejetés, en tout ou en partie : il sera ordonné, s'il y échet, que lesdits moyens ou aucuns d'eux demeureront joints, soit à l'incident en faux, si quelques-uns desdits moyens ont été admis, soit à la cause ou au procès principal; le tout suivant la qualité desdits moyens et l'exigence des cas.

232. Le jugement ordonnera que les moyens admis seront prouvés, tant par titres que par témoins, devant le juge commis, sauf au défendeur la preuve contraire, et qu'il sera procédé à la vérification des pièces arguées de faux, par trois experts écrivains, qui seront nommés d'office par le même jugement.

233. Les moyens de faux qui seront déclarés pertinens et admissibles, seront énoncés expressément dans le dispositif du jugement qui permettra d'en faire preuve ; et ne sera fait preuve d'aucun autre moyen. Pourront néanmoins les experts faire telles observations dépendantes de leur art qu'ils jugeront à propos, sur les pièces prétendues fausses, sauf aux juges à y avoir tel égard que de raison.

234. En procédant à l'audition des témoins, seront observées les formalités ci-après prescrites pour les enquêtes : les pièces prétendues fausses leur seront représentées, et paraphées d'eux, s'ils peuvent ou veulent les parapher; sinon il en sera fait mention.

A l'égard des pièces de comparaison et autres qui doivent être représentées aux experts, elles pourront l'être aussi aux témoins, en tout ou en partie, si le juge-commissaire l'estime convenable; auquel cas elles seront par eux paraphées, ainsi qu'il est ci-dessus prescrit.

235. Si les témoins représentent quelques pièces lors de

leur déposition, elles y demeureront jointes, après avoir été paraphées, tant par le juge-commissaire que par lesdits témoins, s'ils peuvent ou veulent le faire; sinon il en sera fait mention : et si lesdites pièces font preuve du faux ou de la vérité des pièces arguées, elles seront représentées aux autres témoins qui en auraient connaissance, et elles seront par eux paraphées, suivant ce qui est ci-dessus prescrit.

236. La preuve par experts se fera en la forme suivante :

1.º Les pièces de comparaison seront convenues entre les parties, ou indiquées par le juge, ainsi qu'il est dit à l'article 200, titre *de la Vérification des Écritures.*

2.º Seront remis aux experts, le jugement qui aura admis l'inscription de faux ; les pièces prétendues fausses ; le procès-verbal de l'état d'icelles; le jugement qui aura admis les moyens de faux et ordonné le rapport d'experts, les pièces de comparaison lorsqu'il en aura été fourni ; le procès-verbal de présentation d'icelles, et le jugement par lequel elles auront été reçues : les experts mentionneront dans leur rapport la remise de toutes les pièces susdites, et l'examen auquel ils auront procédé, sans pouvoir en dresser aucun procès-verbal; ils parapheront les pièces prétendues fausses.

Dans le cas où les témoins auraient joint des pièces à leur déposition, la partie pourra requérir, et le juge-commissaire ordonner qu'elles seront représentées aux experts.

3.º Seront, au surplus, observées audit rapport les règles prescrites au titre *de la Vérification des écritures.*

237. En cas de récusation, soit contre le juge-commissaire, soit contre les experts, il y sera procédé ainsi qu'il est prescrit aux titres *des Récusations de juges* et *des Visites d'experts.*

238. Lorsque l'instruction sera achevée, le jugement sera poursuivi sur un simple acte.

239. S'il résulte, de la procédure, des indices de faux ou de falsification, et que les auteurs ou complices soient vivans, et la poursuite du crime non éteinte par la prescription d'après les dispositions du Code pénal, le président délivrera mandat d'amener contre les prévenus, et remplira, à cet égard, les fonctions d'officier de police judiciaire.

240. Dans le cas de l'article précédent, il sera sursis à statuer sur le civil, jusqu'après le jugement sur le faux.

241. Lorsqu'en statuant sur l'inscription de faux, le tribunal aura ordonné la suppression, la lacération ou la radiation en tout ou en partie, même la réformation ou le rétablissement des pièces déclarées fausses, il sera sursis à l'exécution de ce chef de jugement, tant que le condamné sera dans le délai de se pourvoir par appel, requête civile ou cassation, ou qu'il n'aura pas formellement et valablement acquiescé au jugement.

242. Par le jugement qui interviendra sur le faux, il sera statué, ainsi qu'il appartiendra, sur la remise des pièces, soit aux parties, soit aux témoins qui les auront fournies ou représentées ; ce qui aura lieu même à l'égard des pièces prétendues fausses, lorsqu'elles ne seront pas jugées telles : à l'égard des pièces qui auront été tirées d'un dépôt public, il sera ordonné qu'elles seront remises aux dépositaires, ou renvoyées par les greffiers de la manière prescrite par le tribunal ; le tout sans qu'il soit rendu séparément un autre jugement sur la remise des pièces, laquelle néanmoins ne pourra être faite qu'après le délai prescrit par l'article précédent.

243. Il sera sursis, pendant ledit délai, à la remise des pièces de comparaison ou autres, si ce n'est qu'il en soit autrement ordonné par le tribunal, sur la requête des dépositaires desdites pièces, ou des parties qui auraient intérêt de la demander.

244. Il est enjoint aux greffiers de se conformer exactement aux articles précédens, en ce qui les regarde, à peine d'interdiction, d'amende qui ne pourra être moindre de cent francs , et des dommages - intérêts des parties , même d'être procédé extraordinairement, s'il y échet.

245. Pendant que lesdites pièces demeureront au greffe, les greffiers ne pourront délivrer aucune copie ni expédition des pièces prétendues fausses, si ce n'est en vertu d'un jugement ; à l'égard des actes dont les originaux ou minutes auront été remis au greffe, et notamment des registres sur lesquels il y aurait des actes non argués de faux, lesdits greffiers pourront

en délivrer des expéditions aux parties qui auront droit d'en demander, sans qu'ils puissent prendre de plus grands droits que ceux qui seraient dus aux dépositaires desdits originaux ou minutes : et sera le présent article exécuté, sous les peines portées par l'article précédent.

S'il a été fait par les dépositaires des minutes desdites pièces, des expéditions pour tenir lieu desdites minutes, en exécution de l'article 203 du titre *de la Vérification des écritures*, lesdits actes ne pourront être expédiés que par lesdits dépositaires.

246. Le demandeur en faux qui succombera, sera condamné à une amende qui ne pourra être moindre de trois cents francs; et à tels dommages et intérêts qu'il appartiendra.

247. L'amende sera encourue toutes les fois que l'inscription en faux ayant été faite au greffe, et la demande à fin de s'inscrire admise, le demandeur s'en sera désisté volontairement ou aura succombé, ou que les parties auront été mises hors de procès, soit par le défaut de moyens ou de preuves suffisantes, soit faute d'avoir satisfait, de la part du demandeur, aux diligences et formalités ci-dessus prescrites ; ce qui aura lieu, en quelques termes que la prononciation soit conçue, et encore que le jugement ne portât point condamnation d'amende : le tout, quand même le demandeur offrirait de poursuivre le faux par la voie extraordinaire.

248. L'amende ne sera pas encourue, lorsque la pièce, ou une des pièces arguées de faux, aura été déclarée fausse en tout ou en partie, ou lorsqu'elle aura été rejetée de la cause ou du procès, comme aussi lorsque la demande à fin de s'inscrire en faux n'aura pas été admise; et ce, de quelques termes que les juges se soient servis pour rejeter ladite demande, ou pour n'y avoir pas d'égard.

249. Aucune transaction sur la poursuite du faux incident ne pourra être exécutée, si elle n'a été homologuée en justice, après avoir été communiquée au ministère public, lequel pourra faire, à ce sujet, telles réquisitions qu'il jugera à propos.

25o. Le demandeur en faux pourra toujours se pourvoir, par la voie criminelle, en faux principal ; et dans ce cas, il sera sursis au jugement de la cause, à moins que les juges n'estiment que le procès puisse-être jugé indépendamment de la pièce arguée de faux.

251. Tout jugement d'instruction ou définitif, en matière de faux, ne pourra être rendu que sur les conclusions du ministère public.

TITRE XII.

Des Enquêtes.

252. Les faits dont une partie demandera à faire preuve, seront articulés succinctement par un simple acte de conclusion sans écriture ni requête.

Ils seront, également par un simple acte, déniés ou reconnus dans les trois jours ; sinon ils pourront être tenus pour confessés ou avérés.

253. Si les faits sont admissibles, qu'ils soient déniés, et que la loi n'en défende pas la preuve, elle pourra être ordonnée.

254. Le tribunal pourra aussi ordonner d'office la preuve des faits qui lui paraîtront concluans, si la loi ne le défend pas.

255. Le jugement qui ordonnera la preuve, contiendra ,

1.° Les faits à prouver ;
2.° La nomination du juge devant qui l'enquête sera faite.

Si les témoins sont trop éloignés, il pourra être ordonné que l'enquête sera faite devant un juge commis par un tribunal désigné à cet effet.

256. La preuve contraire sera de droit : la preuve du demandeur et la preuve contraire seront commencées et terminées dans les délais fixés par les articles suivans.

257. Si l'enquête est faite au même lieu où le jugement

a été rendu, ou dans la distance de trois myriamètres, elle sera commencée dans la huitaine du jour de la signification à avoué ; si le jugement est rendu contre une partie qui n'avoit point d'avoué, le délai courra du jour de la signification à personne ou domicile : ces délais courent également contre celui qui a signifié le jugement ; le tout à peine de nullité.

Si le jugement est susceptible d'opposition, le délai courra du jour de l'expiration des délais de l'opposition.

258. Si l'enquête doit être faite à une plus grande distance, le jugement fixera le délai dans lequel elle sera commencée.

259. L'enquête est censée commencée, pour chacune des parties respectivement, par l'ordonnance qu'elle obtient du juge-commissaire, à l'effet d'assigner les témoins aux jour et heure par lui indiqués..

En conséquence, le juge-commissaire ouvrira les procès-verbaux respectifs par la mention de la réquisition et de la délivrance de son ordonnance.

260. Les témoins seront assignés à personne ou domicile : ceux domiciliés dans l'étendue de trois myriamètres du lieu où se fait l'enquête, le seront au moins un jour avant l'audition ; il sera ajouté un jour par trois myriamètres pour ceux domiciliés à une plus grande distance. Il sera donné copie à chaque témoin, de l'ordonnance du juge-commissaire ; le tout à peine de nullité des dépositions des témoins envers lesquels les formalités ci-dessus n'auraient pas été observées.

261. La partie sera assignée pour être présente à l'enquête, au domicile de son avoué, si elle en a constitué, sinon à son domicile ; le tout trois jours au moins avant l'audition : les noms, professions et demeures des témoins à produire contre elle, lui seront notifiés ; le tout à peine de nullité, comme ci-dessus.

262. Les témoins seront entendus séparément, tant en présence qu'en l'absence des parties.

Chaque témoin, avant d'être entendu, déclarera ses nom, profession, âge et demeure, s'il est parent ou allié de l'une

des parties, à quel degré, s'il est serviteur ou domestiqu
de l'une d'elles : il fera serment de dire vérité, le tout à pein
de nullité.

263. Les témoins défaillans seront condamnés par ordon
nances du juge-commissaire, qui seront exécutoires, nonob
tant opposition ou appel à une somme qui ne pourra êtr
moindre de dix francs, au profit de la partie à titre d
dommages-intérêts : ils pourront de plus être condamnés pa
la même ordonnance à une amende qui ne pourra excéde
la somme de cent francs.

Les témoins défaillans seront réassignés à leurs frais.

264. Si les témoins réassignés sont encore défaillans, il
seront condamnés, et par corps, à une amende de cent francs
le juge-commissaire pourra même décerner contre eux u
mandat d'amener.

265. Si le témoin justifie qu'il n'a pu se présenter au jou
indiqué, le juge-commissaire le déchargera, après sa dépo
sition, de l'amende et des frais de réassignation.

266. Si le témoin justifie qu'il est dans l'impossibilité
se présenter au jour indiqué, le juge-commissaire lui acco
dera un délai suffisant, qui néanmoins ne pourra excéder c
lui fixé pour l'enquête, ou se transportera pour recevoir
déposition ; si le témoin est éloigné, le juge - commissai
renverra devant le président du tribunal du lieu, qui e
tendra le témoin ou commettra un juge. Le greffier de
tribunal fera parvenir de suite la minute du procès - verb
au greffe du tribunal où le procès est pendant, sauf à lui
prendre exécutoire pour les frais, contre la partie, à la r
quête de qui le témoin aura été entendu.

267. Si les témoins ne peuvent être entendus le même jou
le juge-commissaire remettra à jour et heure certains ; et
ne sera donné nouvelle assignation ni aux témoins, ni à
partie, encore qu'elle n'ait pas comparu.

268. Nul ne pourra être assigné comme témoin, s'il
parent ou allié en ligne directe de l'une des parties, ou s
conjoint, même divorcé.

269. Les procès-verbaux d'enquête contiendront la date des jour et heure, les comparutions ou défauts des parties et témoins, la représentation des assignations, les remises à autres jour et heure, si elles sont ordonnées; à peine de nullité.

270. Les reproches seront proposés par la partie ou par son avoué avant la déposition du témoin, qui sera tenu de s'expliquer sur iceux : ils seront circonstanciés et pertinens, et non en termes vagues et généraux. Les reproches et les explications du témoin seront consignés dans le procès-verbal.

271. Le témoin déposera sans qu'il lui soit permis de lire aucun projet écrit. Sa déposition sera consignée sur le procès-verbal ; elle lui sera lue, et il lui sera demandé s'il y persiste, le tout à peine de nullité; il lui sera demandé aussi s'il requiert taxe.

272. Lors de la lecture de sa déposition, le témoin pourra faire tels changemens et additions que bon lui semblera : ils seront écrits à la suite ou à la marge de sa déposition; il lui en sera donné lecture, ainsi que de la déposition, et mention en sera faite ; le tout à peine de nullité.

273. Le juge-commissaire pourra, soit d'office, soit sur la réquisition des parties ou de l'une d'elles, faire au témoin les interpellations qu'il croira convenables pour éclaircir sa déposition ; les réponses du témoin seront signées de lui, après lui avoir été lues, ou mention sera faite s'il ne veut ou ne peut signer. Elles seront également signées du juge et du greffier ; le tout à peine de nullité.

274. La déposition du témoin, ainsi que les changemens et additions qu'il pourra y faire, seront signés par lui, le juge et le greffier; et si le témoin ne veut ou ne peut signer, il en sera fait mention : le tout à peine de nullité. Il sera fait mention de la taxe, s'il la requiert, ou de son refus.

275. Les procès-verbaux feront mention de l'observation des formalités prescrites par les articles 261, 262, 269, 270, 271, 272, 273 et 274 ci-dessus : ils seront signés, à

Procédure civile. Texte.   4

la fin, par le juge et le greffier, et par les parties si elles le veulent ou le peuvent; en cas de refus, il en sera fait mention; le tout à peine de nullité.

276. La partie ne pourra ni interrompre le témoin dans sa déposition, ni lui faire aucune interpellation directe, mais sera tenue de s'adresser au juge - commissaire, à peine de dix francs d'amende, et de plus forte amende, même d'exclusion en cas de récidive, ce qui sera prononcé par le juge - commissaire. Ses ordonnances seront exécutoires, nonobstant appel ou opposition.

277. Si le témoin requiert taxe, elle sera faite par le juge-commissaire, sur la copie de l'assignation, et elle vaudra exécutoire : le juge fera mention de la taxe sur son procès-verbal.

278. L'enquête sera respectivement parachevée dans la huitaine de l'audition des premiers témoins, à peine de nullité, si le jugement qui l'a ordonnée n'a fixé un plus long délai.

279. Si néanmoins l'une des parties demande prorogation dans le délai fixé pour la confection de l'enquête, le tribunal pourra l'accorder.

280. La prorogation sera demandée sur le procès-verbal du juge-commissaire, et ordonnée sur le référé qu'il en fera à l'audience, au jour indiqué par son procès-verbal, sans sommation ni avenir, si les parties ou leurs avoués ont été présens : il ne sera accordé qu'une seule prorogation, à peine de nullité.

281. La partie qui aura fait entendre plus de cinq témoins sur un même fait, ne pourra répéter les frais des autres dé-positions.

282. Aucun reproche ne sera proposé après la déposition, s'il n'est justifié par écrit.

283. Pourront être reprochés,
Les parens ou alliés de l'une ou de l'autre des parties jus-

qu'au degré de cousin issu de germain inclusivement, les parens et alliés des conjoints au degré ci-dessus, si le conjoint est vivant, ou si la partie ou le témoin en a des enfans vivans : en cas que le conjoint soit décédé, et qu'il n'ait pas laissé de descendans, pourront être reprochés les parens et alliés en ligne directe, les frères, beaux-frères, sœurs et belles-sœurs.

Pourront aussi être reprochés, le témoin héritier présomptif ou donataire, celui qui aura bu ou mangé avec la partie, et à ses frais, depuis la prononciation du jugement qui a ordonné l'enquête; celui qui aura donné des certificats sur les faits relatifs au procès, les serviteurs et domestiques, le témoin en état d'accusation, celui qui aura été condamné à une peine afflictive ou infamante, ou même à une peine correctionnelle pour cause de vol.

284. Le témoin reproché sera entendu dans sa déposition.

285. Pourront les individus âgés de moins de quinze ans révolus être entendus, sauf à avoir à leurs dépositions tel égard que de raison.

286. Le délai pour faire enquête étant expiré, la partie la plus diligente fera signifier à avoué copie des procès-verbaux, et poursuivra l'audience sur un simple acte.

287. Il sera statué sommairement sur les reproches.

288. Si néanmoins le fond de la cause était en état, il pourra être prononcé sur le tout par un seul jugement.

289. Si les reproches proposés avant la déposition ne sont justifiés par écrit, la partie sera tenue d'en offrir la preuve, et de désigner les témoins; autrement elle n'y sera plus reçue. Le tout sans préjudice des réparations, dommages et intérêts qui pourraient être dus au témoin reproché.

290. La preuve, s'il y échet, sera ordonnée par le tribunal, sauf la preuve contraire, et sera faite dans la forme ci-après réglée pour les enquêtes sommaires. Aucun reproche ne pourra y être proposé, s'il n'est justifié par écrit.

291. Si les reproches sont admis, la déposition du témoin reproché ne sera point lue.

4 *

292. L'enquête ou la déposition déclarée nulle par la faute du juge-commissaire, sera recommencée à ses frais; les délais de la nouvelle enquête ou de la nouvelle audition de témoins, courront du jour de la signification du jugement qui l'aura ordonnée; la partie pourra faire entendre les mêmes témoins; et si quelques-uns ne peuvent être entendus, les juges auront tel égard que de raison aux dépositions par eux faites dans la première enquête.

293. L'enquête déclarée nulle par la faute de l'avoué, ou par celle de l'huissier, ne sera pas recommencée; mais la partie pourra en répéter les frais contre eux, même des dommages et intérêts, en cas de manifeste négligence; ce qui est laissé à l'arbitrage du juge.

294. La nullité d'une ou plusieurs dépositions n'entraîne pas celle de l'enquête.

TITRE XIII.

Des Descentes sur les Lieux.

295. Le tribunal pourra, dans les cas où il le croira nécessaire, ordonner cue l'un des juges se transportera sur les lieux; mais il ne pourra l'ordonner dans les matières où il n'échoit qu'un simple rapport d'experts, s'il n'en est requis par l'une ou par l'autre des parties.

296. Le jugement commettra l'un des juges qui y auront assisté.

297. Sur la requête de la partie la plus diligente, le juge-commissaire rendra une ordonnance qui fixera les lieu, jour et heure de la descente; la signification en sera faite d'avoué à avoué, et vaudra sommation.

298. Le juge-commissaire fera mention, sur la minute de son procès-verbal, des jours employés aux transport, séjour et retour.

299. L'expédition du procès-verbal sera signifiée par la

partie la plus diligente aux avoués des autres parties ; et trois jours après, elle pourra poursuivre l'audience sur un simple acte.

300. La présence du ministère public ne sera nécessaire que dans le cas où il sera lui-même partie.

301. Les frais de transport seront avancés par la partie requérante, et par elle consignés au greffe.

TITRE XIV.

Des Rapports d'Experts.

302. Lorsqu'il y aura lieu à un rapport d'experts, il sera ordonné par un jugement, lequel énoncera clairement les objets de l'expertise.

303. L'expertise ne pourra se faire que par trois experts, à moins que les parties ne consentent qu'il soit procédé par un seul.

304. Si, lors du jugement qui ordonne l'expertise, les parties se sont accordées pour nommer les experts, le même jugement leur donnera acte de la nomination.

305. Si les experts ne sont pas convenus par les parties, le jugement ordonnera qu'elles seront tenues d'en nommer dans les trois jours de la signification, sinon qu'il sera procédé à l'opération par les experts qui seront nommés d'office par le même jugement.

Ce même jugement nommera le juge-commissaire, qui recevra le serment des experts convenus ou nommés d'office ; pourra néanmoins le tribunal ordonner que les experts prêteront leur serment devant le juge de paix du canton où ils procéderont.

306. Dans le délai ci-dessus, les parties qui se seront accordées pour la nomination des experts, en feront·leur déclaration au greffe.

·307. Après l'expiration du délai ci-dessus, la partie la plus diligente prendra l'ordonnance du juge, et fera sommation aux experts nommés par les parties ou d'office, pour faire leur serment, sans qu'il soit nécessaire que les parties y soient présentes.

308. Si l'expert de la partie sommée ne se présente pas, les frais de la prestation de serment seront à la charge de cette partie, sans répétition.

309. Les récusations ne pourront être proposées que contre les experts nommés d'office, à moins que les causes n'en soient survenues depuis la nomination et avant le serment. La partie qui aura des moyens de récusation à proposer, sera tenue de le faire dans les trois jours de la nomination, par un simple acte signé d'elle ou de son mandataire spécial, contenant les causes de récusation et les preuves, si elle en a, ou l'offre de les vérifier par témoins : le délai ci-dessus expiré, la récusation ne pourra être proposée, et l'expert prêtera serment au jour indiqué par la sommation.

310. Les experts pourront être récusés par les motifs pour lesquels les témoins peuvent être reprochés.

·311. La récusation contestée sera jugée sommairement à l'audience, sur un simple acte ; et sur les conclusions du ministère public ; les juges pourront ordonner la preuve par témoins, laquelle sera faite dans la forme ci-après prescrite pour les enquêtes sommaires.

312. Le jugement sur la récusation sera exécutoire, nonobstant l'appel.

313. Si la récusation est admise, il sera d'office, par le même jugement, nommé un nouvel expert ou de nouveaux experts à la place de celui ou de ceux récusés.

314. Si la récusation est rejetée, la partie qui l'aura faite sera condamnée en tels dommages et intérêts qu'il appartiendra, même envers l'expert, s'il le requiert; mais, dans ce dernier cas, il ne pourra demeurer expert. . . .

315. Le procès-verbal de prestation de serment contiendra indication, par les experts, du lieu, du jour et heure de leur opération.

En cas de présence des parties ou de leurs avoués, cette indication vaudra sommation.

En cas d'absence, il sera fait sommation aux parties, par acte d'avoué, de se trouver aux jour et heure que les experts auront indiqués.

316. Si quelque expert n'accepte point la nomination, ou ne se présente point, soit pour le serment, soit pour l'expertise aux jour et heure indiqués, les parties s'accorderont sur-le-champ pour en nommer un autre à sa place; sinon la nomination pourra être faite d'office par le tribunal.

L'expert qui, après avoir prêté serment, ne remplira pas sa mission, pourra être condamné par le tribunal qui l'avait commis, à tous les frais frustratoires, et même aux dommages-intérêts, s'il y échet.

317. Le jugement qui aura ordonné le rapport, et les pièces nécessaires, seront remis aux experts; les parties pourront faire tels dires et réquisitions qu'elles jugeront convenables : il en sera fait mention dans le rapport; il sera rédigé sur les lieux contentieux, ou dans le lieu et aux jour et heure qui seront indiqués par les experts.

La rédaction sera écrite par un des experts et signée par tous; s'ils ne savent pas tous écrire, elle sera écrite et signée par le greffier de la justice de paix du lieu où ils auront procédé.

318. Les experts dresseront un seul rapport; ils ne formeront qu'un seul avis à la pluralité des voix.

Ils indiqueront néanmoins, en cas d'avis différens, les motifs des divers avis, sans faire connaître quel a été l'avis personnel de chacun d'eux.

319. La minute du rapport sera déposée au greffe du tribunal qui aura ordonné l'expertise, sans nouveau serment de la part des experts; leurs vacations seront taxées par le président au bas de la minute, et il en sera délivré exécutoire

contre la partie qui aura requis l'expertise ou l'aura poursuivie, si elle a été ordonnée d'office.

320. En cas de retard ou de refus de la part des experts de déposer leur rapport, ils pourront être assignés à trois jours, sans préliminaire de conciliation, par-devant le tribunal qui les aura commis, pour se voir condamner, même par corps, s'il y échet, à faire ledit dépôt ; il y sera statué sommairement et sans instruction.

321. Le rapport sera levé et signifié à avoué par la partie la plus diligente; l'audience sera poursuivie sur un simple acte.

322. Si les juges ne trouvent point dans le rapport les éclaircissemens suffisans, ils pourront ordonner d'office une nouvelle expertise, par un ou plusieurs experts qu'ils nommeront également d'office, et qui pourront demander aux précédens experts les renseignemens qu'ils trouveront convenables.

323. Les juges ne sont point astreints a suivre l'avis des experts, si leur conviction s'y oppose.

TITRE X V.

De l'Interrogatoire sur Faits et Articles.

324. Les parties peuvent, en toutes matières et en tout état de cause, demander de se faire interroger respectivement sur faits et articles pertinens concernant seulement la matière dont est question, sans retard de l'instruction ni du jugement.

325. L'interrogatoire ne pourra être ordonné que sur requête contenant les faits et par jugement rendu à l'audience : il y sera procédé, soit devant le président, soit devant un juge par lui commis.

326. En cas d'éloignement, le président pourra commettre

le président du tribunal dans le ressort duquel la partie réside, ou le juge de paix du canton de cette résidence.

327. Le juge commis indiquera, au bas de l'ordonnance qui l'aura nommé, les jour et heure de l'interrogatoire; le tout sans qu'il soit besoin de procès-verbal contenant réquisition ou délivrance de son ordonnance.

328. En cas d'empêchement légitime de la partie, le juge se transportera au lieu où elle est retenue.

329. Vingt-quatre heures, au moins, avant l'interrogatoire, seront signifiées par le même exploit, à personne ou domicile, la requête et les ordonnances du tribunal, du président ou du juge qui devra procéder à l'interrogatoire, avec assignation donnée par un huissier qu'il aura commis à cet effet.

330. Si l'assigné ne comparaît pas, ou refuse de répondre après avoir comparu, il en sera dressé procès-verbal sommaire, et les faits pourront être tenus pour avérés.

331. Si, ayant fait défaut sur l'assignation, il se présente avant le jugement, il sera interrogé, en payant les frais du premier procès-verbal et de la signification, sans répétition.

332. Si, au jour de l'interrogatoire, la partie assignée justifie d'empêchement légitime, le juge indiquera un autre jour pour l'interrogatoire, sans nouvelle assignation.

333. La partie répondra en personne, sans pouvoir lire aucun projet de réponse par écrit, et sans assistance de conseil, aux faits contenus en la requête, même à ceux sur lesquels le juge l'interrogera d'office. Les réponses seront précises et pertinentes sur chaque fait, et sans aucun terme calomnieux ni injurieux; celui qui aura requis l'interrogatoire ne pourra y assister.

334. L'interrogatoire achevé sera lû à la partie, avec interpellation de déclarer si elle a dit vérité et persiste : si elle ajoute, l'addition sera rédigée en marge ou à la suite de l'interrogatoire; elle lui sera lue, et il lui sera fait la même

interpellation ; elle signera l'interrogatoire et les additions ; et si elle ne sait ou ne veut signer, il en sera fait mention.

335. La partie qui voudra faire usage de l'interrogatoire, le fera signifier, sans qu'il puisse être un sujet d'écritures de part ni d'autre.

336. Seront tenus, les administrateurs d'établissemens publics, de nommer un administrateur ou agent pour répondre sur les faits et articles qui leur auront été communiqués ; ils donneront, à cet effet, un pouvoir spécial dans lequel les réponses seront expliquées et affirmées véritables, sinon les faits pourront être tenus pour avérés, sans préjudice de faire interroger les administrateurs et agens sur les faits qui leur seront personnels, pour y avoir, par le tribunal, tel égard que de raison.

TITRE XVI.

Des Incidens.

Des Demandes incidentes.

337. Les demandes incidentes seront formées par un simple acte contenant les moyens et les conclusions, avec offre de communiquer les pièces justificatives sur récépissé, ou par dépôt au greffe.

Le défendeur à l'incident donnera sa réponse par un simple acte.

338. Toutes demandes incidentes seront formées en même temps ; les frais de celles qui seraient proposées postérieurement, et dont les causes auraient existé à l'époque des premières, ne pourront être répétés.

Les demandes incidentes seront jugées par préalable, s'il y a lieu ; et, dans les affaires sur lesquelles il aura été ordonné une instruction par écrit, l'incident sera porté à l'audience, pour être statué ce qu'il appartiendra.

De l'Intervention.

339. L'intervention sera formée par requête qui contiendra les moyens et conclusions, dont il sera donné copie, ainsi que des pièces justificatives.

340. L'intervention ne pourra retarder le jugement de la cause principale, quand elle sera en état.

341. Dans les affaires sur lesquelles il aura été ordonné une instruction par écrit, si l'intervention est contestée par l'une des parties, l'incident sera porté à l'audience.

TITRE XVII.

Des Reprises d'Instances, et Constitution de nouvel Avoué.

342. Le jugement de l'affaire qui sera en état, ne sera différé, ni par le changement d'état des parties, ni par la cessation des fonctions dans lesquelles elles procédaient, ni par leur mort, ni par les décès, démissions, interdictions ou destitutions de leurs avoués.

343. L'affaire sera en état, lorsque la plaidoirie sera commencée; la plaidoirie sera réputée commencée, quand les conclusions auront été contradictoirement prises à l'audience.

Dans les affaires qui s'instruisent par écrit, la cause sera en état quand l'instruction sera complète, ou quand les délais pour les productions et réponses seront expirés.

344. Dans les affaires qui ne seront pas en état, toutes procédures faites postérieurement à la notification de la mort de l'une des parties seront nulles : il ne sera pas besoin de signifier les décès, démissions, interdictions ni destitutions des avoués; les poursuites faites et les jugemens obtenus depuis seront nuls, s'il n'y a constitution de nouvel avoué.

345. Ni le changement d'état des parties, ni la cessation

des fonctions dans lesquelles elles procédaient, n'empêcheront la continuation des procédures.

Néanmoins le défendeur qui n'aurait pas constitué avoué avant le changement d'état ou le décès du demandeur, sera assigné de nouveau à un délai de huitaine, pour voir adjuger les conclusions, et sans qu'il soit besoin de conciliation préalable.

346. L'assignation en reprise ou constitution sera donnée aux délais fixés au titre *des Ajournemens*, avec indication des noms des avoués qui occupaient, et du rapporteur, s'il y en a.

347. L'instance sera reprise par acte d'avoué à avoué.

348. Si la partie assignée en reprise conteste, l'incident sera jugé sommairement.

349. Si, à l'expiration du délai, la partie assignée en reprise ou en constitution ne comparaît pas, il sera rendu jugement qui tiendra la cause pour reprise, et ordonnera qu'il sera procédé suivant les derniers erremens, et sans qu'il puisse y avoir d'autres délais que ceux qui restaient à courir.

350. Le jugement rendu par défaut contre une partie, sur la demande en reprise d'instance ou en constitution de nouvel avoué, sera signifié par un huissier commis : si l'affaire est en rapport, la signification énoncera le nom du rapporteur.

351. L'opposition à ce jugement sera portée à l'audience, même dans les affaires en rapport.

TITRE XVIII.

Du Désaveu.

352. Aucunes offres, aucun aveu ou consentement ne pourront être faits, donnés ou acceptés sans un pouvoir spécial, à peine de désaveu.

353. Le désaveu sera fait au greffe du tribunal qui devra en connaître, par un acte signé de la partie, ou du porteur de sa procuration spéciale et authentique : l'acte contiendra les moyens, conclusions et constitutions d'avoué.

354. Si le désaveu est formé dans le cours d'une instance encore pendante, il sera signifié, sans autre demande, par acte d'avoué, tant à l'avoué contre lequel le désaveu est dirigé, qu'aux autres avoués de la cause, et ladite signification vaudra sommation de défendre au désaveu.

355. Si l'avoué n'exerce plus ses fonctions, le désaveu sera signifié par exploit à son domicile : s'il est mort, le désaveu sera signifié à ses héritiers, avec assignation au tribunal où l'instance est pendante, et notifié aux parties de l'instance, par acte d'avoué à avoué.

356. Le désaveu sera toujours porté au tribunal devant lequel la procédure désavouée aura été instruite, encore que l'instance dans le cours de laquelle il est formé soit pendante en un autre tribunal ; le désaveu sera dénoncé aux parties de l'instance principale, qui seront appelées dans celle de désaveu.

357. Il sera sursis à toute procédure et au jugement de l'instance principale, jusqu'à celui du désaveu, à peine de nullité ; sauf cependant à ordonner que le désavouant fera juger le désaveu dans un délai fixé, sinon qu'il sera fait droit.

358. Lorsque le désaveu concernera un acte sur lequel il n'y a point instance, la demande sera portée au tribunal du défendeur.

359. Toute demande en désaveu sera communiquée au ministère public.

360. Si le désaveu est déclaré valable, le jugement, ou les dispositions du jugement relatives aux chefs qui ont donné lieu au désaveu, demeureront annullées et comme non avenues : le désavoué sera condamné envers le demandeur et les autres parties, en tous dommages-intérêts, même puni d'interdiction,

ou poursuivi extraordinairement, suivant la gravité du cas et la nature des circonstances.

361. Si le désaveu est rejeté, il sera fait mention du jugement de rejet en marge de l'acte de désaveu, et le demandeur pourra être condamné, envers le désavoué et les autres parties, en tels dommages et réparations qu'il appartiendra.

362. Si le désaveu est formé à l'occasion d'un jugement qui aura acquis force de chose jugée, il ne pourra être reçu après la huitaine, à dater du jour où le jugement devra être réputé exécuté, aux termes de l'article 159 ci-dessus.

TITRE XIX.

Des Règlemens de Juges.

363. Si un différent est porté à deux ou plusieurs tribunaux de paix, ressortissant du même tribunal, le règlement de juges sera porté à ce tribunal.
Si les tribunaux de paix relèvent de tribunaux différens, le règlement de juges sera porté à la Cour d'appel.
Si ces tribunaux ne ressortissent pas de la même Cour d'appel, le règlement sera porté à la Cour de cassation.
Si un différent est porté à deux ou à plusieurs tribunaux de première instance, ressortissant de la même Cour d'appel, le règlement de juges sera porté à cette Cour : il sera porté à la Cour de cassation, si les tribunaux ne ressortissent pas tous de la même Cour d'appel, ou si le conflit existe entre une ou plusieurs Cours.

364. Sur le vu des demandes formées dans différens tribunaux, il sera rendu, sur requête, jugement portant permission d'assigner en règlement, et les juges pourront ordonner qu'il sera sursis à toutes procédures dans lesdits tribunaux.

365. Le demandeur signifiera le jugement et assignera les parties au domicile de leurs avoués.
Le délai pour signifier le jugement et pour assigner sera de quinzaine, à compter du jour du jugement.

Le délai pour comparaître sera, celui des ajournemens, en comptant les distances d'après le domicile respectif des avoués.

366. Si le demandeur n'a pas assigné dans les délais ci-dessus, il demeurera déchu du règlement de juges, sans qu'il soit besoin de le faire ordonner, et les poursuites pourront être continuées dans le tribunal saisi par le défendeur en règlement,

367. Le demandeur qui succombera, pourra être condamné aux dommages-intérêts envers les autres parties.

TITRE XX.

Du Renvoi à un autre Tribunal pour parenté ou alliance.

368. Lorsqu'une partie aura deux parens ou alliés jusqu'au degré de cousin issu de germain inclusivement, parmi les juges d'un tribunal de première instance ou trois parens ou alliés au même degré dans une Cour d'appel; ou lorsqu'elle aura un parent audit degré parmi les juges du tribunal de première instance, ou deux parens dans la Cour d'appel, et qu'elle-même sera membre du tribunal ou de cette Cour, l'autre partie pourra demander le renvoi.

369. Le renvoi sera demandé avant le commencement de la plaidoirie; et si l'affaire est en rapport, avant que l'instruction soit achevée, ou que les délais soient expirés : sinon il ne sera plus reçu.

370. Le renvoi sera proposé par acte au greffe, lequel contiendra les moyens, et sera signé de la partie ou de son fondé de procuration spéciale authentique.

371. Sur l'expédition dudit acte, présentée avec les pièces justificatives, il sera rendu jugement qui ordonnera,

1.° La communication aux juges, à raison desquels le renvoi est demandé, pour faire, dans un délai fixe, leur déclaration au bas de l'expédition du jugement; 2.° la communication au ministère public; 3.° le rapport à jour indiqué par l'un des juges nommé par ledit jugement.

372. L'expédition de l'acte à fin de renvoi, les pièces y annexées, et le jugement mentionné en l'article précédent, seront
signifiés aux autres parties.

373. Si les causes de la demande en renvoi sont avouées ou
justifiées dans un tribunal de première instance, le renvoi sera
fait à l'un des autres tribunaux ressortissans en la même Cour
d'appel; et si c'est dans une Cour d'appel, le renvoi sera fait à
l'une des trois Cours les plus voisines.

374. Celui qui succombera sur sa demande en renvoi,
sera condamné à une amende qui ne pourra être moindre
de cinquante francs, sans préjudice des dommages-intérêts de
la partie, s'il y a lieu.

375. Si le renvoi est prononcé, qu'il n'y ait pas d'appel,
ou que l'appelant ait succombé, la contestation sera portée
devant le tribunal qui devra en connaître, sur simple assignation, et la procédure y sera continuée suivant ses derniers
erremens.

376. Dans tous les cas, l'appel du jugement de renvoi sera
suspensif.

377. Sont applicables audit appel les dispositions des articles 392, 393, 394, 395, titre *de la Recusation*, ci-après.

<h1 style="text-align:center">TITRE XXI.</h1>

<h3 style="text-align:center">*De la Récusation.*</h3>

378. Tout juge peut être récusé pour les causes ci-après :

1.° S'il est parent ou allié des parties, ou de l'une d'elles
jusqu'au degré de cousin issu de germain inclusivement;

2.° Si la femme du juge est parente ou alliée de l'une des
parties, ou si le juge est parent ou allié de la femme d'une des
parties, au degré ci-dessus, lorsque la femme est vivante, ou
qu'étant décédée, il en existe des enfans; si elle est décédée et
qu'il n'y ait point d'enfans, le beau-père, le gendre ni les
beaux-frères ne pourront être juges.

Ce

La disposition relative à la femme décédée s'appliquera à la femme divorcée, s'il existe des enfans du mariage dissous ;

3.° Si le juge, sa femme, leurs ascendans et descendans, ou alliés dans la même ligne, ont un différent sur pareille question que celle dont il s'agit entre les parties ;

4.° S'ils ont un procès en leur nom dans un tribunal où l'une des parties sera juge ; s'ils sont créanciers ou débiteurs d'une des parties ;

5.° Si, dans les cinq ans qui ont précédé la récusation, il y a eu procès criminel entre eux et l'une des parties, ou son conjoint, ou ses parens ou alliés en ligne directe ;

6.° S'il y a procès civil entre le juge, sa femme, leurs ascendans et descendans, ou alliés dans la même ligne, et l'une des parties, et que ce procès, s'il a été intenté par la partie, l'ait été avant l'instance dans laquelle la récusation est proposée ; si ce procès étant terminé, il ne l'a été que dans les six mois précédant la récusation ;

7.° Si le juge est tuteur, subrogé tuteur ou curateur, héritier présomptif, ou donataire, maître ou commensal de l'une des parties ; s'il est administrateur de quelque établissement, société ou direction, partie dans la cause ; si l'une des parties est sa présomptive héritière ;

8.° Si le juge a donné conseil, plaidé ou écrit sur le différent ; s'il en a précédemment connu comme juge ou comme arbitre ; s'il a sollicité, recommandé ou fourni aux frais du procès ; s'il a déposé comme témoin ; si depuis le commencement du procès il a bu ou mangé avec l'une ou l'autre des parties dans leur maison, ou reçu d'elles des présens ;

S'il y a inimitié capitale entre lui et l'une des parties ;

S'il y a eu, de sa part, agressions, injures ou menaces, verbalement ou par écrit, depuis l'instance ou dans les six mois précédant la récusation proposée.

379. Il n'y aura pas lieu à récusation, dans le cas où le juge serait parent du tuteur ou du curateur de l'une des deux parties, ou des membres ou administrateurs d'un établissement, société, direction ou union, parties dans la cause, à moins que lesdits tuteurs, administrateurs ou intéressés, n'aient un intérêt distinct ou personnel.

38o. Tout juge qui saura cause de récusation en sa personne, sera tenu de la déclarer à la chambre, qui décidera s'il doit s'abstenir.

381. Les causes de récusation relatives aux juges sont applicables au ministère public lorsqu'il est partie jointe; mais il n'est pas récusable lorsqu'il est partie principale.

382. Celui qui voudra récuser, devra le faire avant le commencement de la plaidoirie; et si l'affaire est en rapport, avant que l'instruction soit achevée ou que les délais soient expirés, à moins que les causes de la récusation ne soient survenues postérieurement.

383. La récusation contre les juges commis aux descentes, enquêtes et autres opérations, ne pourra être proposée que dans les trois jours qui courront, 1.° si le jugement est contradictoire, du jour du jugement; 2.° si le jugement est par défaut et qu'il n'y ait pas d'opposition, du jour de l'expiration de la huitaine de l'opposition; 3.° si le jugement a été rendu par défaut, et qu'il y ait eu opposition, du jour du débouté d'opposition, même par défaut.

384. La récusation sera proposée par un acte au greffe, qui en contiendra les moyens, et sera signée de la partie ou du fondé de sa procuration authentique et spéciale, laquelle sera annexée à l'acte.

385. Sur l'expédition de l'acte de récusation, remise dans les vingt-quatre heures par le greffier au président du tribunal, il sera, sur le rapport du président et les conclusions du ministère public, rendu jugement qui, si la récusation est inadmissible, la rejetera ; et si elle est admissible, ordonnera, 1.° la communication au juge récusé, pour s'expliquer en termes précis sur les faits, dans le délai qui sera fixé par le jugement; 2.° la communication au ministère public, et indiquera le jour où le rapport sera fait par l'un des juges nommé par ledit jugement.

386. Le juge récusé fera sa déclaration au greffe, à la suite de la minute de l'acte de récusation.

387. A compter du jour du jugement qui ordonnera la communication, tous jugemens et opérations seront suspendus ; si cependant l'une des parties prétend que l'opération est urgente et qu'il y a péril dans le retard, l'incident sera porté à l'audience, sur un simple acte, et le tribunal pourra ordonner qu'il sera procédé par un autre juge.

388. Si le juge récusé convient des faits qui ont motivé sa récusation, ou si ces faits sont prouvés, il sera ordonné qu'il s'abstiendra.

389. Si le récusant n'apporte preuve par écrit, ou commencement de preuve des causes de la récusation, il est laissé à la prudence du tribunal de rejeter la récusation sur la simple déclaration du juge, ou d'ordonner la preuve testimoniale.

390. Celui dont la récusation aura été déclarée non admissible, ou non recevable, sera condamné à telle amende qu'il plaira au tribunal, laquelle ne pourra être moindre de cent francs, et sans préjudice, s'il y a lieu, de l'action du juge en réparation et dommages et intérêts, auquel cas il ne pourra demeurer juge.

391. Tout jugement sur récusation, même dans les matières où le tribunal de première instance juge en dernier ressort, sera susceptible d'appel : si néanmoins la partie soutient qu'attendu l'urgence, il est nécessaire de procéder à une opération sans attendre que l'appel soit jugé, l'incident sera porté à l'audience, sur un simple acte, et le tribunal qui aura rejeté la récusation, pourra ordonner qu'il sera procédé à l'opération par un autre juge,

392. Celui qui voudra appeler, sera tenu de le faire dans les cinq jours du jugement, par un acte au greffe, lequel sera motivé et contiendra énonciation du dépôt au greffe des pièces au soutien.

393. L'expédition de l'acte de récusation, de la déclaration du juge, du jugement, de l'appel et les pièces jointes, seront envoyés, sous trois jours, par le greffier, à la requête et aux frais de l'appelant, au greffier du tribunal d'appel.

5 *

394. Dans les trois jours de la remise au greffier du tribunal d'appel, celui-ci présentera lesdites pièces au tribunal, lequel indiquera le jour du jugement , et commettra l'un des juges; sur son rapport et sur les conclusions du ministère public , il sera rendu à l'audience jugement , sans qu'il soit nécessaire d'appeler les parties.

395. Dans les vingt-quatre heures de l'expédition du jugement , le greffier du tribunal d'appel renverra les pièces à lui adressées, au greffier du tribunal de première instance.

396. L'appelant sera tenu, dans le mois du jour du jugement de première instance qui aura rejeté sa récusation, de signifier aux parties le jugement sur l'appel , ou certificat du greffier du tribunal d'appel, contenant que l'appel n'est pas jugé, et indication du jour déterminé par le tribunal; sinon , le jugement qui aura rejeté la récusation sera exécuté par provision , et ce qui sera fait en conséquence sera valable, encore que la récusation fût admise sur l'appel.

TITRE XXII.

De la Péremption.

397. Toute instance , encore qu'il n'y ait pas eu constitution d'avoué, sera éteinte par discontinuation de poursuites pendant trois ans..

Ce délai sera augmenté de six mois , dans tous les cas où il y aura lieu à demande en reprise d'instance, ou constitution de nouvel avoué.

398. La péremption courra contre l'Etat , les établissemens publics , et toutes personnes , même mineures, sauf leur recours contre les administrateurs et tuteurs.

399. La péremption n'aura pas lieu de droit ; elle se couvrira par les actes valables , faits par l'une ou l'autre des parties avant la demande en péremption.

400. Elle sera demandée par requête d'avoué à avoué, à

moins que l'avoué ne soit décédé , ou interdit , ou suspendu depuis le moment où elle a été acquise.

401. La péremption n'éteint pas l'action , elle emporte seulement extinction de la procédure , sans qu'on puisse , dans aucun cas , opposer aucun des actes de la procédure éteinte , ni s'en prévaloir.

En cas de péremption , le demandeur principal est condamné à tous les frais de la procédure périmée.

TITRE XXIII.

Du Désistement.

402. Le désistement peut être fait et accepté par de simples actes, signés des parties ou de leurs mandataires, et signifiés d'avoué à avoué.

403. Le désistement, lorsqu'il aura été accepté, emportera de plein droit consentement que les choses soient remises de part et d'autre au même état qu'elles étaient avant la demande.

Il emportera également soumission de payer les frais au paiement desquels la partie qui se sera désistée sera contrainte, sur simple ordonnance du président mise au bas de la taxe, parties présentes , ou appelées par acte d'avoué à avoué.

Cette ordonnance , si elle émane d'un tribunal de première instance , sera exécutée nonobstant opposition ou appel ; elle sera exécutée nonobstant opposition, si elle émane d'une Cour d'appel.

TITRE XXIV.

Des Matières sommaires.

404. Seront réputés matières sommaires et instruits comme tels ,

Les appels des juges de paix ;

Les demandes pures personnelles , à quelque somme qu'elles puissent monter, quand il y a titre , pourvu qu'il ne soit pas contesté ;

Les demandes formées sans titres, lorsqu'elles n'excèdent pas mille francs;

Les demandes provisoires, ou qui requièrent célérité;

Les demandes en paiement de loyers et fermages et arrérages de rentes.

405. Les matières sommaires seront jugées à l'audience, après les délais de la citation échus, sur un simple acte, sans autres procédures ni formalités.

406. Les demandes incidentes et les interventions seront formées par requête d'avoué, qui ne pourra contenir que des conclusions motivées.

407. S'il y a lieu à enquête, le jugement qui l'ordonnera contiendra les faits sans qu'il soit besoin de les articuler préalablement, et fixera les jour et heure où les témoins seront entendus à l'audience.

408. Les témoins seront assignés au moins un jour avant celui de l'audition.

409. Si l'une des parties demande prorogation, l'incident sera jugé sur-le-champ,

410. Lorsque le jugement ne sera pas susceptible d'appel, il ne sera point dressé procès-verbal de l'enquête; il sera seulement fait mention, dans le jugement, des noms des témoins, et du résultat de leurs dépositions.

411. Si le jugement est susceptible d'appel, il sera dressé procès-verbal qui contiendra les sermens des témoins, leur déclaration s'ils sont parens, alliés, serviteurs ou domestiques des parties, les reproches qui auraient été formés contre eux, et le résultat de leurs dépositions.

412. Si les témoins sont éloignés ou empêchés, le tribunal pourra commettre le tribunal ou le juge de paix de leur résidence; dans ce cas, l'enquête sera rédigée par écrit; il en sera dressé procès-verbal.

413. Seront observées en la confection des enquêtes sommaires, les dispositions du titre XIII *des Enquêtes*, relatives aux formalités ci-après :

La copie aux témoins, du dispositif du jugement par lequel ils sont appelés ;

Copie à la partie, des noms des témoins ;

L'amende et les peines contre les témoins défaillans ;

La prohibition d'entendre les conjoints des parties, les parens et alliés en ligne directe ;

Les reproches par la partie présente, la manière de les juger, les interpellations aux témoins, la taxe ;

Le nombre des témoins dont les voyages passent en taxe ;

La faculté d'entendre les individus âgés de moins de quinze ans révolus.

TITRE XXV.

Procédure devant les Tribunaux de Commerce.

414. La procédure devant les tribunaux de commerce se fait sans le ministère d'avoués.

415. Toute demande doit y être formée par exploit d'ajournement, suivant les formalités ci-dessus prescrites au titre *des Ajournemens.*

416. Le délai sera au moins d'un jour.

417. Dans les cas qui requerront célérité, le président du tribunal pourra permettre d'assigner, même de jour à jour et d'heure à heure, et de saisir les effets mobiliers. Il pourra, suivant l'exigence des cas, assujettir le demandeur à donner caution ou à justifier de solvabilité suffisante : ses ordonnances seront exécutoires nonobstant opposition ou appel.

418. Dans les affaires maritimes où il existe des parties non domiciliées, et dans celles où il s'agit d'agrès, victuailles, équipages et radoubs de vaisseaux prêts à mettre à la voile, et autres matières urgentes et provisoires, l'assignation de jour à jour ou d'heure à heure, pourra être donnée sans ordonnance, et le défaut pourra être jugé sur-le-champ.

419. Toutes assignations données à bord à la personne assignées seront valables.

420. Le demandeur pourra assigner , à son choix ,
Devant le tribunal du domicile du défendeur ;

Devant celui dans l'arrondissement duquel la promesse a été faite et la marchandise livrée ;
Devant celui dans l'arrondissement duquel le paiement devait être effectué.

421. Les parties seront tenues de comparaître en personne, ou par le ministère d'un fondé de procuration spéciale.

422. Si les parties comparaissent , et qu'à la première audience il n'intervienne pas jugement définitif , les parties non domiciliées dans le lieu où siège le tribunal, seront tenues d'y faire élection d'un domicile.
L'élection de domicile doit être mentionnée sur le plumitif de l'audience ; à défaut de cette élection , toute signification , même celle du jugement définitif sera faite valablement au greffe du tribunal.

423. Les étrangers demandeurs ne peuvent être obligés , en matière de commerce , à fournir une caution de payer les frais et dommages et intérêts auxquels ils pourront être condamnés, même lorsque la demande est portée devant un tribunal civil, dans les lieux où il n'y a pas de tribunal de commerce.

424. Si le tribunal est incompétent à raison de la matière, il renverra les parties , encore que le déclinatoire n'ait pas été proposé.
Le déclinatoire pour toute autre cause ne pourra être proposé que préalablement à toute autre défense.

425. Le même jugement pourra , en rejetant le déclinatoire, statuer sur le fond, mais par deux dispositions distinctes, l'une sur la compétence, l'autre sur le fond ; les dispositions sur la compétence pourront toujours être attaquées par la voie de l'appel.

426. Les veuves et héritiers des justiciables du tribunal de commerce y seront assignés en reprise , ou par action nouvelle,.

sauf, si les qualités sont contestées, à les renvoyer aux tribunaux ordinaires pour y être réglés, et ensuite être jugés sur le
fond au tribunal de commerce.

427. Si une pièce produite est méconnue, déniée ou arguée
de faux, et que la partie persiste à s'en servir, le tribunal
renverra devant les juges qui doivent en connaître, et il sera
sursis au jugement de la demande principale.

Néanmoins si la pièce n'est relative qu'à un des chefs de la
demande, il pourra être passé outre au jugement des autres
chefs.

428. Le tribunal pourra, dans tous les cas, ordonner, même
d'office, que les parties seront entendues en personne, à l'audience ou dans la chambre, et, s'il y a empêchement légitime,
commettre un des juges ou même un juge de paix pour les entendre, lequel dressera procès-verbal de leurs déclarations.

429. S'il y a lieu à renvoyer les parties devant des arbitres,
pour l'examen de comptes, pièces et registres, il sera nommé
un ou trois arbitres pour entendre les parties, et les concilier
si faire se peut, sinon donner leur avis.

S'il y a lieu à visite ou estimation d'ouvrages ou marchandises, il sera nommé un ou trois experts.

Les arbitres et les experts seront nommés d'office par le
tribunal, à moins que les parties n'en conviennent à l'audience.

430. La récusation ne pourra être proposée que dans les trois
jours de la nomination.

431. Le rapport des arbitres et experts sera déposé au greffe
du tribunal.

432. Si le tribunal ordonne la preuve par témoins, il y sera
procédé dans les formes ci-dessus prescrites pour les enquêtes
sommaires. Néanmoins, dans les causes sujettes à appel, les
dépositions seront rédigées par écrit par le greffier, et signées
par le témoin; en cas de refus, mention en sera faite.

433. Seront observées, dans la rédaction et l'expédition des
jugemens, les formes prescrites dans les art. 141 et 146 pour
les tribunaux de première instance.

434. Si le demandeur ne se présente pas, le tribunal donnera défaut, et renverra le défendeur de la demande.

Si le défendeur ne comparaît pas, il sera donné défaut, et les conclusions du demandeur seront adjugées si elles se trouvent justes et bien vérifiées.

435. Aucun jugement par défaut ne pourra être signifié que par un huissier commis à cet effet par le tribunal; la signification contiendra, à peine de nullité, élection de domicile dans la commune où elle se fait, si le demandeur n'y est domicilié.

Le jugement sera exécutoire un jour après la signification et jusqu'à l'opposition.

436. L'opposition ne sera plus recevable après la huitaine du jour de la signification.

437. L'opposition contiendra les moyens de l'opposant, et assignation dans le délai de la loi; elle sera signifiée au domicile élu.

438. L'opposition faite à l'instant de l'exécution, par déclaation sur le procès-verbal de l'huissier, arrêtera l'exécution; à la charge, par l'opposant, de la réitérer dans les trois jours, par exploit contenant assignation; passé lequel délai, elle sera censée non avenue.

439. Les tribunaux de commerce pourront ordonner l'exécution provisoire de leurs jugemens, nonobstant l'appel et sans caution, lorsqu'il y aura titre non attaqué ou condamnation précédente, dont il n'y aura pas d'appel : dans les autres cas, l'exécution provisoire n'aura lieu qu'à la charge de donner caution, ou de justifier de solvabilité suffisante.

440. La caution sera présentée par acte signifié au domicile de l'appelant, s'il demeure dans le lieu où siége le tribunal, sinon au domicile par lui élu en exécution de l'article 422, avec sommation à jour et heure fixes, de se présenter au greffe pour prendre communication, sans déplacement, des titres de la caution, s'il est ordonné qu'elle en fournira, et à l'audience, pour voir prononcer sur l'admission, en cas de contestation.

441. Si l'appelant ne comparaît pas, ou ne conteste point la caution, elle fera sa soumission au greffe ; s'il conteste, il sera statué au jour indiqué par la sommation : dans tous les cas, le jugement sera exécutoire nonobstant opposition ou appel.

442. Les tribunaux de commerce ne connaîtront point de l'exécution de leurs jugemens.

LIVRE III.

DES TRIBUNAUX D'APPEL.

TITRE UNIQUE.

De l'Appel, et de l'Instruction sur l'Appel.

ARTICLE 443.

Le délai pour interjeter appel sera de trois mois : il courra, pour les jugemens contradictoires, du jour de la signification à personne ou domicile ;

Pour les jugemens par défaut, du jour où l'opposition ne sera plus recevable.

L'intimé pourra néanmoins interjeter incidemment appel en tout état de cause, quand même il aurait signifié le jugement sans protestations.

444. Ces délais emporteront déchéance : ils courront contre toutes parties, sauf les recours contre qui de droit ; mais ils ne courront contre le mineur non émancipé, que du jour où le jugement aura été signifié tant au tuteur qu'au subrogé tuteur, encore que ce dernier n'ait pas été en cause.

445. Ceux qui demeurent hors de la France continentale, auront, pour interjeter appel, outre le délai de trois mois depuis la signification du jugement, le délai des ajournemens réglé par l'art. 73 ci-dessus.

446. Ceux qui sont absens du territoire européen de l'empire pour service de terre ou de mer, ou employés dans les négociations extérieures pour le service de l'État, auront, pour interjeter appel, outre le délai de trois mois depuis la signification du jugement, le délai d'une année.

447. Les délais de l'appel seront suspendus par la mort de la partie condamnée.

Ils ne reprendront leur cours qu'après la signification du jugement faite au domicile du défunt, avec les formalités prescrites en l'art. 61, et à compter de l'expiration des délais pour faire inventaire et délibérer si le jugement a été signifié avant que ces derniers délais fussent expirés.

Cette signification pourra être faite aux héritiers collectivement, et sans désignation des noms et qualités.

448. Dans le cas où le jugement aurait été rendu sur une pièce fausse, ou si la partie avait été condamnée faute de représenter une pièce décisive qui était retenue par son adversaire, les délais de l'appel ne courront que du jour où le faux aura été reconnu ou juridiquement constaté, ou que la pièce aura été recouvrée, pourvu que, dans ce dernier cas, il y ait preuve par écrit du jour où la pièce a été recouvrée, et non autrement.

449. Aucun appel d'un jugement non exécutoire par provision ne pourra être interjeté dans la huitaine, à dater du jour du jugement; les appels interjetés dans ce délai, seront déclarés non recevables, sauf à l'appelant à les réitérer, s'il est encore dans le délai.

45o. L'exécution des jugemens non exécutoires par provision sera suspendue pendant ladite huitaine.

451. L'appel d'un jugement préparatoire ne pourra être interjeté qu'après le jugement définitif, et conjointement avec

l'appel de ce jugement, et le délai de l'appel ne courra que du jour de la siguification du jugement définitif; cet appel sera recevable encore que le jugement préparatoire ait été exécuté sans réserve.

L'appel d'un jugement interlocutoire pourra être interjeté avant le jugement définitif: il en sera de même des jugemens qui auraient accordé une provision.

452. Sont réputés préparatoires les jugemens rendus pour l'instruction de la cause, et qui tendent à mettre le procès en état de recevoir jugement définitif.

Sont réputés interlocutoires les jugemens rendus lorsque le tribunal ordonne, avant dire droit, une preuve, une vérification, ou une instruction qui préjuge le fonds.

453. Seront sujets à l'appel les jugemens qualifiés en dernier ressort, lorsqu'ils auront été rendus par des juges qui ne pouvaient prononcer qu'en première instance.

Ne seront recevables les appels des jugemens rendus sur des matières dont la connaissance en dernier ressort appartient aux premiers juges, mais qu'ils auraient omis de qualifier, ou qu'ils auraient qualifiés en premier ressort.

454. Lorsqu'il s'agira d'incompétence, l'appel sera recevable, encore que le jugement ait été qualifié en dernier ressort.

455. Les appels des jugemens susceptibles d'opposition ne seront point recevables pendant la durée du délai pour l'opposition.

456. L'acte d'appel contiendra assignation dans les délais de la loi, et sera signifié à personne ou domicile, à peine de nullité.

457. L'appel des jugemens définitifs ou interlocutoires, sera suspensif, si le jugement ne prononce pas l'exécution provisoire dans les cas où elle est autorisée.

L'exécution des jugemens mal à propos qualifiés en dernier ressort, ne pourra être suspendue qu'en vertu de défenses obtenues par l'appelant, à l'audience du tribunal d'appel, sur assignation à bref délai.

A l'égard des jugemens non qualifiés, ou qualifiés en premier ressort et dans lesquels les juges étaient autorisés à prononcer en dernier ressort, l'exécution provisoire pourra en être ordonnée par le tribunal d'appel, à l'audience et sur un simple acte.

458. Si l'exécution provisoire n'a pas été prononcée dans les cas où elle est autorisée, l'intimé pourra, sur un simple acte, la faire ordonner à l'audience, avant le jugement de l'appel.

459. Si l'exécution provisoire a été ordonnée hors les cas prévus par la loi, l'appelant pourra obtenir des défenses à l'audience, sur assignation à bref délai, sans qu'il puisse en être accordé sur requête non communiquée.

460. En aucun autre cas, il ne pourra être accordé des défenses, ni être rendu aucun jugement tendant à arrêter directement ou indirectement l'exécution du jugement, à peine de nullité.

461. Tout appel, même de jugement rendu sur instruction par écrit, sera porté à l'audience; sauf au tribunal à ordonner l'instruction par écrit, s'il y a lieu.

462. Dans la huitaine de la constitution d'avoué, par l'intimé, l'appelant signifiera ses griefs contre le jugement. L'intimé répondra dans la huitaine suivante. L'audience sera poursuivie sans autre procédure.

463. Les appels de jugemens rendus en matière sommaire, seront portés à l'audience, sur simple acte, et sans autre procédure. Il en sera de même de l'appel des autres jugemens, lorsque l'intimé n'aura pas comparu.

464. Il ne sera formé, en cause d'appel, aucune nouvelle demande, à moins qu'il ne s'agisse de compensation, ou que la demande nouvelle ne soit la défense à l'action principale.

Pourront aussi les parties demander des intérêts, arrérages, loyers et autres accessoires.échus depuis le jugement de première instance, et les dommages-intérêts pour le préjudice souffert depuis ledit jugement.

465. Dans les cas prévus par l'article précédent, les nouvelles demandes et les exceptions du défendeur ne pourront être formées que par de simples actes de conclusions motivées.

Il en sera de même dans les cas où les parties voudraient changer ou modifier leurs conclusions.

Toute pièce d'écriture qui ne sera que la répétition des moyens ou exceptions déjà employés par écrit, soit en première instance, soit sur l'appel, ne passera point en taxé.

Si la même pièce contient à la fois et de nouveaux moyens ou exceptions, et la répétition des anciens, on n'allouera en taxe que la partie relative aux nouveaux moyens ou exceptions.

466. Aucune intervention ne sera reçue, si ce n'est de là part de ceux qui auraient droit de former tierce opposition.

467. S'il se forme plus de deux opinions, les juges plus faibles en nombre seront tenus de se réunir à l'une des deux opinions qui auront été émises par le plus grand nombre.

468. En cas de partage, dans une cour d'appel, on appellera pour le vider, un, au moins, ou plusieurs des juges qui n'auront pas connu de l'affaire, et toujours en nombre impair, en suivant l'ordre du tableau : l'affaire sera de nouveau plaidée, ou de nouveau rapportée, s'il s'agit d'une instruction par écrit.

Dans les cas où tous les juges auraient connu de l'affaire, il sera appelé, pour les jugemens, trois anciens jurisconsultes.

469. La péremption en cause d'appel aura l'effet de donner au jugement dont est appel la force de chose jugée.

470. Les autres règles établies pour les tribunaux inférieurs seront observées dans les tribunaux d'appel.

471. L'appelant qui succombera, sera condamné à une amende de cinq francs, s'il s'agit du jugemeut d'un juge de paix, et de dix, francs sur l'appel d'un jugement de tribunal de première instance et de commerce.

472. Si le jugement est confirmé, l'exécution appartiendra au tribunal dont est appel ; si le jugement est infirmé, l'exécution, entre les mêmes parties , appartiendra à la cour d'appel qui aura prononcé, ou à un autre tribunal qu'elle aura indiqué par le même arrêt, sauf les cas de la demande en nullité d'emprisonnement, en expropriation forcée, et autres dans lesquels la loi attribue juridiction.

473. Lorsqu'il y aura appel d'un jugement interlocutoire, si le jugement est infirmé , et que la matière soit disposée à recevoir une décision définitive, les cours et autres tribunaux d'appel pourront statuer en même temps sur le fond définitivement, par un seul et même jugement.

Il en sera de même dans les cas où les cours ou autres tribunaux d'appel infirmeraient, soit pour vices de forme, ou pour toute autre cause, des jugemens définitifs.

LIVRE IV.

LIVRE IV.

DES VOIES EXTRAORDINAIRES POUR ATTAQUER LES JUGEMENS.

~~~~~~~~

TITRE PREMIER.

De la tierce Opposition.

ART. 474.

Une partie peut former tierce opposition à un jugement qui préjudicie à ses droits, et lors duquel, ni elle, ni ceux qu'elle représente, n'ont été appelés.

475. La tierce opposition, formée par action principale, sera portée au tribunal qui aura rendu le jugement attaqué.

La tierce opposition incidente à une contestation dont un tribunal est saisi, sera formée par requête à ce tribunal, s'il est égal ou supérieur à celui qui a rendu le jugement.

476. S'il n'est égal ou supérieur, la tierce opposition incidente sera portée, par action principale, au tribunal qui aura rendu le jugement.

477. Le tribunal devant lequel le jugement attaqué aura été produit, pourra, suivant les circonstances, passer outre ou surseoir.
~~~~~~~~

478. Les jugemens passés en force de chose jugée, portant condamnation à délaisser la possession d'un héritage, seront exécutés contre les parties condamnées, nonobstant la tierce opposition et sans y préjudicier.

Dans les autres cas, les juges pourront, suivant les circonstances, suspendre l'exécution du jugement.

479. La partie dont la tierce opposition sera rejetée, sera condamnée à une amende qui ne pourra être moindre de cinquante francs, sans préjudice des dommages et intérêts de la partie, s'il y a lieu.

TITRE II.

De la Requête civile.

480. Les jugemens contradictoires, rendus en dernier ressort par les tribunaux de première instance et d'appel, et les jugemens par défaut rendus aussi en dernier ressort, et qui ne sont plus susceptibles d'opposition, pourront être rétractés sur la requête de ceux qui y auront été parties ou dûment appelés, pour les causes ci-après :

1.° S'il y a eu dol personnel ;

2.° Si les formes prescrites à peine de nullité ont été violées, soit avant, soit lors des jugemens, pourvu que la nullité n'ait pas été couverte par les parties ;

3.° S'il a été prononcé sur choses non demandées ;

4.° S'il a été adjugé plus qu'il n'a été demandé ;

5.° S'il a été omis de prononcer sur l'un des chefs de demande ;

6.° S'il y a contrariété de jugemens en dernier ressort, entre les mêmes parties, et sur les mêmes moyens, dans les mêmes cours ou tribunaux ;

7.° Si, dans un même jugement, il y a des dispositions contraires ;

8.° Si, dans les cas où la loi exige la communication au ministère public, cette communication n'a pas eu lieu, et que le jugement ait été rendu contre celui pour qui elle était ordonnée;

9.° Si l'on a jugé sur pièces reconnues ou déclarées fausses depuis le jugement;

10.° Si, depuis le jugement, il a été recouvré des pièces décisives, et qui avaient été retenues par le fait de la partie.

481. L'Etat, les communes, les établissemens publics et les mineurs, seront encore reçus à se pourvoir, s'ils n'ont été défendus, ou s'ils ne l'ont été valablement.

482. S'il n'y a ouverture que contre un chef de jugement, il sera seul rétracté, à moins que les autres n'en soient dépendans..

483. La requête civile sera signifiée avec assignation, dans les trois mois, à l'égard des majeurs, du jour de la signification à personne ou domicile, du jugement attaqué.

484. Le délai de trois mois ne courra contre les mineurs que du jour de la signification du jugement, faite, depuis leur majorité, à personne ou domicile.

485. Lorsque le demandeur sera absent du territoire européen de l'Empire pour un service de terre ou de mer, ou employé dans les négociations extérieures pour le service de l'Etat, il y aura, outre le délai ordinaire de trois mois, depuis la signification du jugement, le délai d'une année.

486. Ceux qui demeurent hors de la France continentale, auront, outre le délai de trois mois, depuis la signification du jugement, les délais des ajournemens réglés par l'art. 73 ci-dessus.

487. Si la partie condamnée est décédée dans les délais ci-dessus fixés pour se pourvoir, ce qui en restera à courir ne commencera, contre la succession, que dans les délais et de la manière prescrite en l'art. 447 ci-dessus.

6 *

488. Lorsque les ouvertures de requête civile seront le faux, le dol ou la découverte de pièces nouvelles, les délais ne courront que du jour où le faux aura été reconnu, le dol ou les pièces découvertes; pourvu que, dans ces deux derniers cas, il y ait preuve par écrit du jour, et non autrement.

489. S'il y a contrariété de jugemens, le délai courra du jour de la signification du dernier jugement.

490. La requête civile sera portée au même tribunal où le jugement attaqué aura été rendu; il pourra y être statué par les mêmes juges.

491. Si une partie veut attaquer par la requête civile un jugement produit dans une cause pendante en un tribunal autre que celui qui l'a rendu, elle se pourvoira devant le tribunal qui a rendu le jugement attaqué; et le tribunal saisi de la cause dans laquelle il est produit, pourra, suivant les circonstances, passer outre ou surseoir.

492. La requête civile sera formée par assignation au domicile de l'avoué de la partie qui a obtenu le jugement attaqué, si elle est formée dans les six mois de la date du jugement; après ce délai, l'assignation sera donnée au domicile de la partie.

493. Si la requête civile est formée incidemment devant un tribunal compétent pour en connaître, elle le sera par requête d'avoué à avoué; mais si elle est incidente à une contestation portée dans un autre tribunal que celui qui a rendu le jugement, elle sera formée par assignation devant les juges qui ont rendu le jugement.

494. La requête civile d'aucune partie autre que celles qui stipulent les intérêts de l'Etat, ne sera reçue, si, avant que cette requête ait été présentée, il n'a été consigné une somme de trois cents francs pour amende, et cent cinquante francs pour les dommages et intérêts de la partie, sans préjudice de plus amples dommages et intérêts, s'il y a lieu; la consignation sera de moitié si le jugement est par défaut ou par forclusion,

et du quart s'il s'agit de jugemens rendus par les tribunaux de première instance.

495. La quittance du receveur sera signifiée en tête de la demande, ainsi qu'une consultation de trois avocats exerçant depuis dix ans au moins près un des tribunaux du ressort de la cour d'appel dans lequel le jugement a été rendu.

La consultation contiendra déclaration qu'ils sont d'avis de la requête civile, et elle en énoncera aussi les ouvertures; sinon la requête ne sera pas reçue.

496. Si la requête civile est signifiée dans les six mois de la date du jugement, l'avoué de la partie qui a obtenu le jugement, sera constitué de droit sans nouveau pouvoir.

497. La requête civile n'empêchera pas l'exécution du jugement attaqué ; nulles défenses ne pourront être accordées ; celui qui aura été condamné à délaisser un héritage, ne sera reçu à plaider sur la requête civile qu'en rapportant la preuve de l'exécution du jugement au principal.

498. Toute requête civile sera communiquée au ministère public.

499. Aucun moyen autre que les ouvertures de requête civile énoncées en la consultation, ne sera discuté à l'audience ni par écrit.

500. Le jugement qui rejetera la requête civile, condamnera le demandeur à l'amende et aux dommages - intérêts ci-dessus fixés, sans préjudice de plus amples dommages-intérêts, s'il y a lieu.

501. Si la requête civile est admise, le jugement sera rétracté , et les parties seront remises au même état où elles étaient avant ce jugement; les sommes consignées seront rendues, et les objets des condamnations qui auront été perçus en vertu du jugement rétracté ; seront restitués.

Lorsque la requête civile aura été entérinée pour raison de contrariété de jugemens, le jugement qui entérinera la requête civile, ordonnera que le premier jugement sera exécuté selon sa forme et teneur.

502. Le fond de la contestation sur laquelle le jugement rétracté aura été rendu, sera porté au même tribunal qui aura statué sur la requête civile.

503. Aucune partie ne pourra se pourvoir en requête civile, soit contre le jugement déjà attaqué par cette voie, soit contre le jugement qui l'aura rejeté, soit contre celui rendu sur le rescisoire, à peine de nullité et de dommages-intérêts, même contre l'avoué qui, ayant occupé sur la première demande, occuperait sur la seconde.

504. La contrariété de jugemens rendus en dernier ressort entre les mêmes parties et sur les mêmes moyens en différens tribunaux, donne ouverture à cassation ; et l'instance est formée et jugée conformément aux lois qui sont particulières à la cour de cassation.

TITRE III.

De la Prise à partie.

505. Les juges peuvent être pris à partie dans les cas suivans :

1.° S'il y a dol, fraude ou concussion, qu'on prétendrait avoir été commis, soit dans le cours de l'instruction, soit lors des jugemens ;

2.° Si la prise à partie est expressément prononcée par la loi ;

3.° Si la loi déclare les juges responsables, à peine de dommages et intérêts ;

4.° S'il y a déni de justice.

506. Il y a déni de justice, lorsque les juges refusent de répondre les requêtes, ou négligent de juger les affaires en état et en tour d'être jugées.

507. Le déni de justice sera constaté par deux réquisitions aux juges, en la personne des greffiers, et signifiées de trois en trois jours au moins pour les juges de paix et de commerce, et de huitaine en huitaine au moins pour les autres juges: tout huissier requis sera tenu de faire ces réquisitions, à peine d'interdiction.

508. Après les deux réquisitions, le juge pourra être pris à partie.

509. La prise à partie contre les juges de paix, contre les tribunaux de commerce ou de première instance, ou contre quelqu'un de leurs membres, la prise à partie contre un juge d'appel ou contre un juge de la cour criminelle, seront portées à la cour d'appel du ressort.

La prise à partie contre les cours criminelles, contre les cours d'appel ou l'une de leurs sections, sera portée à la haute-cour impériale, conformément à l'article 101 de l'acte des constitutions de l'Empire, du 28 floréal an 12.

510. Néanmoins aucun juge ne pourra être pris à partie, sans permission préalable du tribunal devant lequel la prise à partie sera portée.

511. Il sera présenté, à cet effet, une requête signée de la partie, ou de son fondé de procuration authentique et spéciale, laquelle procuration sera annexée à la requête, ainsi que les pièces justificatives, s'il y en a, à peine de nullité.

512. Il ne pourra être employé aucun terme injurieux contre les juges, à peine, contre la partie, de telle amende, et contre son avoué, de telle injonction ou suspension qu'il appartiendra.

513. Si la requête est rejetée, la partie sera condamnée à une amende qui ne pourra être moindre de trois cents francs, sans préjudice des dommages et intérêts envers les parties, s'il y a lieu.

514. Si la requête est admise, elle sera signifiée dans trois

jours au juge pris à partie, qui sera tenu de fournir ses défenses dans la huitaine.

Il s'abstiendra de la connaissance du différent ; il s'abstiendra même, jusqu'au jugement définitif de la prise à partie, de toutes les causes que la partie, ou ses parens en ligne directe, ou son conjoint, pourront avoir dans son tribunal, à peine de nullité des jugemens.

515. La prise à partie sera portée à l'audience sur un simple acte, et sera jugée par une autre section que celle qui l'aura admise : si la cour d'appel n'est composée que d'une section, le jugement de la prise à partie sera renvoyé à la cour d'appel la plus voisine par la cour de cassation.

516. Si le demandeur est débouté, il sera condamné à une amende qui ne pourra être moindre de trois cents francs, sans préjudice des dommages-intérêts envers les parties, s'il y a lieu.

LIVRE V.

LIVRE V.

De l'Exécution des jugemens.

TITRE PREMIER.

Des Réceptions de Caution.

Art. 517.

Le jugement qui ordonnera de fournir caution, fixera le délai dans lequel elle sera présentée, et celui dans lequel elle
sera acceptée ou contestée.

518. La caution sera présentée par exploit signifié à la
partie, si elle n'a point d'avoué, et par acte d'avoué, si elle
en a constitué, avec copie de l'acte de dépôt qui sera fait
au greffe, des titres qui constatent la solvabilité de la caution,
sauf le cas où la loi n'exige pas que la solvabilité soit établie
par titres.

519. La partie pourra prendre au greffe communication
des titres; si elle accepte la caution, elle le déclarera par un
simple acte : dans ce cas, ou si la partie ne conteste pas dans
le délai, la caution fera au greffe sa soumission, qui sera
exécutoire sans jugement, même pour la contrainte par corps
s'il y a lieu à contrainte.

520. Si la partie conteste la caution dans le délai fixé par
le jugement, l'audience sera poursuivie sur un simple acte.

521. Les réceptions de caution seront jugées sommairement, sans requête ni écritures; le jugement sera exécuté
nonobstant appel.

Procédure civile. Texte.

522. Si la caution est admise, elle fera sa soumission conformément à l'art. 519 ci-dessus.

TITRE II.

De la Liquidation des Dommages-intérêts.

523. Lorsque l'arrêt ou le jugement n'aura pas fixé les dommages-intérêts, la déclaration en sera signifiée à l'avoué du défendeur, s'il en a été constitué ; et les pièces seront communiquées sur récépissé de l'avoué, ou par la voie du greffe.

524. Le défendeur sera tenu, dans le délai fixé par les articles 97 et 98 et sous les peines y portées, de remettre lesdites pièces, et, huitaine après l'expiration desdits délais, de faire ses offres au demandeur, de la somme qu'il avisera pour les dommages-intérêts ; sinon, la cause sera portée sur un simple acte à l'audience, et il sera condamné à payer le montant de la déclaration, si elle est trouvée juste et bien vérifiée.

525. Si les offres contestées sont jugées suffisantes, le demandeur sera condamné aux dépens, du jour des offres.

TITRE III.

De la Liquidation des Fruits.

526. Celui qui sera condamné à restituer des fruits, en rendra compte dans la forme ci-après, et il sera procédé comme sur les autres comptes rendus en justice.

TITRE IV.

Des Redditions de Comptes.

527. Les comptables commis par justice, seront poursuivis devant les juges qui les auront commis ; les tuteurs, devant

les juges du lieu où la tutelle a été déférée; tous autres comptables, devant les juges de leur domicile.

528. En cas d'appel d'un jugement qui aurait rejeté une demande en reddition de compte, l'arrêt infirmatif renverra, pour la reddition et le jugement du compte, au tribunal où la demande avait été formée, ou à tout autre tribunal de première instance que l'arrêt indiquera.

Si le compte a été rendu et jugé en première instance, l'exécution de l'arrêt infirmatif appartiendra à la Cour qui l'aura rendu, ou à un autre tribunal qu'elle aura indiqué par le même arrêt.

529. Les oyans qui auront le même intérêt, nommeront un seul avoué : faute de s'accorder sur le choix, le plus ancien occupera, et néanmoins chacun des oyans pourra en constituer un; mais les frais occasionnés par cette constitution particulière, et faits tant activement que passivement, seront supportés par l'oyant.

530. Tout jugement portant condamnation de rendre compte, fixera le délai dans lequel le compte sera rendu, et commettra un juge.

531. Si le préambule du compte, en y comprenant la mention de l'acte ou du jugement qui aura commis le rendant et du jugement qui aura ordonné le compte, excède six rôles, l'excédant ne passera point en taxe.

532. Le rendant n'emploiera pour dépenses communes que les frais de voyage, s'il y a lieu, les vacations de l'avoué qui aura mis en ordre les pièces du compte, les grosses et copies, les frais de présentation et affirmation.

533. Le compte contiendra les recette et dépense effectives; il sera terminé par la récapitulation de la balance desdites recette et dépense, sauf à faire un chapitre particulier des objets à recouvrer.

534. Le rendant présentera et affirmera son compte en personne ou par procureur spécial, dans le délai fixé, et au jour indiqué par le juge-commissaire, les oyans présens

ou appelés à personne ou domicile, s'ils n'ont avoués, et par acte d'avoué, s'ils en ont constitué.

Le délai passé, le rendant y sera contraint par saisie et vente de ses biens jusqu'à concurrence d'une somme que le tribunal arbitrera; il pourra même y être contraint par corps, si le tribunal l'estime convenable.

535. Le compte présenté et affirmé, si la recette excède la dépense, l'oyant pourra requérir du juge - commissaire exécutoire de cet excédant, sans approbation du compte.

536. Après la présentation et affirmation, le compte sera signifié à l'avoué de l'oyant; les pièces justificatives seront cotées et paraphées par l'avoué du rendant; si elles sont communiquées sur récépissé, elles seront rétablies dans le délai qui sera fixé par le juge-commissaire, sous les peines portées par l'articles 107.

Si les oyans ont constitué avoués différens, la copie et la communication ci-dessus seront données à l'avoué plus ancien seulement, s'ils ont le même intérêt, et à chaque avoué, s'ils ont des intérêts différens.

S'il y a des créanciers intervenans, ils n'auront tous ensemble qu'une seule communication, tant du compte que des pièces justificatives, par les mains du plus ancien des avoués qu'ils auront constitués.

537. Les quittances de fournisseurs, ouvriers, maîtres de pension et autres de même nature, produites comme pièces justificatives du compte, sont dispensées de l'enregistrement.

538. Aux jour et heure indiqués par le commissaire, les parties se présenteront devant lui pour fournir débats, soutenemens et réponses sur son procès-verbal; si les parties ne se présentent pas, l'affaire sera portée à l'audience sur un simple acte.

539. Si les parties ne s'accordent pas, le commissaire ordonnera qu'il en sera par lui fait rapport à l'audience, au jour qu'il indiquera, elles seront tenues de s'y trouver sans aucune sommation.

540. Le jugement qui interviendra sur l'instance de compte, contiendra le calcul de la recette et des dépenses, et fixera le reliquat précis, s'il y en a aucun.

541. Il ne sera procédé à la révision d'aucun compte, sauf aux parties, s'il y a erreurs, omissions, faux ou doubles emplois, à en former leurs demandes devant les mêmes juges.

542. Si l'oyant est défaillant, le commissaire fera son rapport au jour par lui indiqué; les articles seront alloués, s'ils sont justifiés; le rendant, s'il est reliquataire, gardera les fonds, sans intérêts; et s'il ne s'agit point d'un compte de tutelle, le comptable donnera caution, si mieux il n'aime consigner.

TITRE V.

De la Liquidation des Dépens et Frais.

543. La liquidation des dépens et frais sera faite en matière sommaire par le jugement qui les adjugera.

544. La manière de procéder à la liquidation des dépens et frais dans les autres matières, sera déterminée par un ou plusieurs règlemens d'administration publique, qui seront exécutoires le même jour que le présent Code, et qui, après trois ans au plus tard, seront présentés en forme de loi au Corps législatif, avec les changemens dont ils auront paru susceptibles.

TITRE VI.

Règles générales sur l'exécution forcée des Jugemens et Actes.

545. Nul jugement ni acte ne pourront être mis à exécution, s'ils ne portent le même intitulé que les lois, et ne sont terminés par un mandement aux officiers de justice, ainsi qu'il est dit article 146.

546. Les jugemens rendus par les tribunaux étrangers, et les actes reçus par les officiers étrangers, ne seront susceptibles d'exécution en France, que de la manière et dans les cas prévus par les articles 2123 et 2128 du Code civil.

547. Les jugemens rendus et les actes passés en France seront exécutoires dans tout l'Empire sans *visa* ni *pareatis*, encore que l'exécution ait lieu hors du ressort du tribunal par lequel les jugemens ont été rendus, ou dans le territoire duquel les actes ont été passés.

548. Les jugemens qui prononceront une main-levée, une radiation d'inscription hypothécaire, un paiement, ou quelque autre chose à faire par un tiers ou à sa charge, ne seront exécutoires par les tiers ou contre eux, même après les délais de l'opposition ou de l'appel, que sur le certificat de l'avoué de la partie poursuivante, contenant la date de la signification du jugement faite au domicile de la partie condamnée, et sur l'attestation du greffier constatant qu'il n'existe contre le jugement ni opposition ni appel.

549. A cet effet, l'avoué de l'appelant fera mention de l'appel, dans la forme et sur le registre prescrit par l'art. 163.

550. Sur le certificat qu'il n'existe aucune opposition ni appel sur ce registre, les séquestres, conservateurs, et tous autres, seront tenus de satisfaire au jugement.

551. Il ne sera procédé à aucune saisie mobilière ou immobilière, qu'en vertu d'un titre exécutoire, et pour choses liquides et certaines : si la dette exigible n'est pas d'une somme en argent, il sera sursis, après la saisie, à toutes poursuites ultérieures, jusqu'à ce que l'appréciation en ait été faite.

552. La contrainte par corps, pour objet susceptible de liquidation, ne pourra être exécutée qu'après que la liquidation aura été faite en argent.

553. Les contestations élevées sur l'exécution des jugemens

des tribunaux de commerce, seront portées au tribunal de première instance du lieu où l'exécution se poursuivra.

554. Si les difficultés élevées sur l'exécution des jugemens ou actes requièrent célérité, le tribunal du lieu y statuera provisoirement, et renverra la connaissance du fond, au tribunal d'exécution.

555. L'officier insulté dans l'exercice de ses fonctions dressera procès-verbal de rebellion; et il sera procédé suivant les règles établies par le Code criminel.

556. La remise de l'acte ou jugement à l'huissier, vaudra pouvoir pour toutes exécutions autres que la saisie immobilière et l'emprisonnement, pour lesquels il sera besoin d'un pouvoir spécial.

TITRE VII.

Des Saisies-arrêts ou Oppositions.

557. Tout créancier peut, en vertu de titres authentiques ou privés, saisir-arrêter entre les mains d'un tiers les sommes et effets appartenant à son débiteur, où s'opposer à leur remise.

558. S'il n'y a pas de titre, le juge du domicile du débiteur, et même celui du domicile du tiers saisi, pourront, sur requête, permettre la saisie-arrêt ou opposition.

559. Tout exploit de saisie-arrêt ou opposition, fait en vertu d'un titre, contiendra l'énonciation du titre et de la somme pour laquelle elle est faite; si l'exploit est fait en vertu de la permission du juge, l'ordonnance énoncera la somme pour laquelle la saisie-arrêt ou opposition est faite, et il sera donné copie de l'ordonnance en tête de l'exploit.

Si la créance pour laquelle on demande la permission de saisir-arrêter n'est pas liquide, l'évaluation provisoire en sera faite par le juge.

L'exploit contiendra aussi élection de domicile dans le

lieu où demeure le tiers saisi, si le saisissant n'y demeure pas : le tout à peine de nullité.

560. La saisie-arrêt ou opposition entre les mains de personnes non demeurant en France sur le continent, ne pourra point être faite au domicile de procureurs impériaux ; elle devra être signifiée à personne ou à domicile.

561. La saisie-arrêt ou opposition formée entre les mains des receveurs, dépositaires ou administrateurs de caisses ou deniers publics, en cette qualité, ne seront point valables, si l'exploit n'est fait à la personne préposée pour le recevoir et s'il n'est visé par elle sur l'original, ou, en cas de refus, par le procureur impérial.

362. L'huissier qui aura signé la saisie-arrêt ou opposition, sera tenu, s'il en est requis, de justifier de l'existence du saisissant à l'époque où le pouvoir de saisir a été donné, à peine d'interdiction, et des dommages et intérêts des parties.

563. Dans la huitaine de la saisie-arrêt ou opposition, outre un jour pour trois myriamètres de distance entre le domicile du tiers saisi et celui du saisissant, et un jour pour trois myriamètres de distance entre le domicile de ce dernier et celui du débiteur saisi, le saisissant sera tenu de dénoncer la saisie-arrêt ou opposition au débiteur saisi, et de l'assigner de validité.

564. Dans un pareil délai, outre celui en raison des distances, à compter du jour de la demande en validité, cette demande sera dénoncée, à la requête du saisissant, au tiers saisi, qui ne sera tenu de faire aucune déclaration avant que cette dénonciation lui ait été faite.

565. Faute de demande en validité, la saisie-arrêt ou opposition sera nulle : faute de dénonciation de cette demande au tiers saisi, les paiemens par lui faits jusqu'à la dénonciation seront valables.

566. En aucun cas il ne sera nécessaire de faire précéder la demande en validité par une citation en conciliation.

567. La demande en validité, et la demande en main-levée formée par la partie saisie, seront portées, devant le tribunal du domicile de la partie saisie.

568. Le tiers saisi ne pourra être assigné en déclaration, s'il n'y a titre authentique, ou jugement qui ait déclaré la saisie-arrêt ou l'opposition valable.

569. Les fonctionnaires publics dont il est parlé art. 561, ne seront point assignés en déclaration; mais ils délivreront un certificat constatant s'il est dû à la partie saisie, et énonçant la somme, si elle est liquide.

570. Le tiers saisi sera assigné, sans citation préalable en conciliation, devant le tribunal qui doit connaître de la saisie; sauf à lui, si sa déclaration est contestée, à demander son renvoi devant son juge.

571. Le tiers saisi assigné fera sa déclaration, et l'affirmera au greffe, s'il est sur les lieux; sinon devant le juge de paix de son domicile, sans qu'il soit besoin, dans ce cas, de réitérer l'affirmation au greffe.

572. La déclaration et l'affirmation pourront être faites par procuration spéciale.

573. La déclaration énoncera les causes et le montant de la dette; les paiemens à compte, si aucuns ont été faits; l'acte ou les causes de libération, si le tiers saisi n'est plus débiteur; et, dans tous les cas, les saisies-arrêts ou oppositions formées entre ses mains.

574. Les pièces justificatives de la déclaration seront annexées à cette déclaration; le tout sera déposé au greffe, et l'acte de dépôt sera signifié par un seul acte contenant constitution d'avoué.

575. S'il survient de nouvelles saisies-arrêts ou oppositions, le tiers saisi les dénoncera à l'avoué du premier saisissant,

par extrait contenant les noms et élection de domicile des saisissans, et les causes des saisies-arrêts ou oppositions.

576. Si la déclaration n'est pas contestée, il ne sera fait aucune autre procédure, ni de la part du tiers saisi, ni contre lui.

577. Le tiers saisi qui ne fera pas sa déclaration ou qui ne fera pas les justifications ordonnées par les articles ci-dessus, sera déclaré débiteur pur et simple des causes de la saisie.

578. Si la saisie-arrêt ou opposition est formée sur effets mobiliers, le tiers saisi sera tenu de joindre à sa déclaration un état détaillé desdits effets.

579. Si la saisie-arrêt ou opposition est déclarée valable, il sera procédé à la vente et distribution du prix, ainsi qu'il sera dit au titre *de la distribution par Contribution.*

580. Les traitemens et pensions dus par l'Etat ne pourront être saisis que pour la portion déterminée par les lois ou par arrêtés du Gouvernement.

581. Seront insaisissables, 1.° les choses déclarées insaisissables par la loi; 2.° les provisions alimentaires adjugées par justice; 3.° les sommes et objets disponibles déclarés insaisissables par le testateur ou donateur; 4.° les sommes et pensions pour alimens, encore que le testament ou l'acte de donation ne les déclare pas insaisissables.

582. Les provisions alimentaires ne pourront être saisies que pour cause d'alimens : les objets mentionnés aux § 3 et 4 du précédent article, pourront être saisis par des créanciers postérieurs à l'acte de donation ou à l'ouverture du legs; et ce, en vertu de la permission du juge, et pour la portion qu'il déterminera.

TITRE VIII.

Des Saisies - Exécutions.

583. Toute saisie-exécution sera précédée d'un commandement à la personne ou au domicile du débiteur, fait au moins un jour avant la saisie, et contenant notification du titre, s'il n'a déjà été notifié.

584. Il contiendra élection de domicile jusqu'à la fin de la poursuite, dans la commune où doit se faire l'exécution, si le créancier n'y demeure; et le débiteur pourra faire à ce domicile élu, toutes significations, même d'offres réelles et d'appel

585. L'huissier sera assisté de deux témoins, français, majeurs, non parens ni alliés des parties ou de l'huissier, jusqu'au degré de cousin issu de germain inclusivement, ni leurs domestiques; il énoncera sur le procès-verbal leurs noms, professions et demeures : les témoins signeront l'original et les copies. La partie poursuivante ne pourra être présente à la saisie.

586. Les formalités des exploits seront observées dans les procès-verbaux de saisie-exécution; ils contiendront itératif commandement, si la saisie est faite en la demeure du saisi.

587. Si les portes sont fermées, ou si l'ouverture en est refusée, l'huissier pourra établir gardien aux portes pour empêcher le divertissement : il se retirera sur-le-champ, sans assignation, devant le juge de paix, ou, à son défaut, devant le commissaire de police, et, dans les communes où il n'y en a pas, devant le maire, et, à son défaut, devant l'adjoint, en présence desquels l'ouverture des portes, même celle des meubles fermant, sera faite, au fur et à mesure de la saisie. L'officier qui se transportera ne dressera point de procès-verbal; mais il signera celui de l'huissier, lequel ne pourra dresser du tout qu'un seul et même procès-verbal.

588. Le procès-verbal contiendra la désignation détaillée

des objets saisis ; s'il y a des marchandises, elles seront pesées, mesurées ou jaugées, suivant leur nature.

589. L'argenterie sera spécifiée par pièces et poinçons, et elle sera pesée.

590. S'il y a des deniers comptans, il sera fait mention du nombre et de la qualité des espèces : l'huissier les déposera au lieu établi pour les consignations ; à moins que le saisissant et la partie saisie, ensemble les opposans, s'il y en a, ne conviennent d'un autre dépositaire.

591. Si le saisi est absent, et qu'il y ait refus d'ouvrir aucune pièce ou meuble, l'huissier en requerra l'ouverture ; et s'il se trouve des papiers, il requerra l'apposition des scellés par l'officier appelé pour l'ouverture.

592. Ne pourront être saisis, 1.° les objets que la loi déclare immeubles par destination ;

2.° Le coucher nécessaire des saisis, ceux de leurs enfans vivant avec eux ; les habits dont les saisis sont vêtus et couverts ;

3.° Les livres relatifs à la profession du saisi, jusqu'à la somme de trois cents francs, à son choix ;

4.° Les machines et instrumens servant à l'enseignement, pratique ou exercice des sciences et arts, jusqu'à concurrence de la même somme, et au choix du saisi ;

5.° Les équipemens des militaires, suivant l'ordonnance et le grade ;

6.° Les outils des artisans, nécessaires à leurs occupations personnelles ;

7.° Les farines et menues denrées nécessaires à la consommation du saisi et de sa famille, pendant un mois ;

8.° Enfin, une vache, ou trois brebis ou deux chèvres, au choix du saisi, avec les pailles, fourrages et grains nécessaires pour la litière et la nourriture desdits animaux pendant un mois.

593. Lesdits objets ne pourront être saisis pour aucune créance, même celle de l'État, si ce n'est pour alimens four-

nis à la partie saisie, ou sommes dues aux fabricans ou ven-
deurs desdits objets, ou à celui qui aura prêté pour les acheter,
fabriquer ou réparer; pour fermages et moissons des terres à
la culture desquelles ils sont employés : loyers des manufactures,
moulins, pressoirs, usines dont ils dépendent, et loyers des
lieux servant à l'habitation personnelle du débiteur.

Les objets spécifiés sous le n.° 2 du précédent article, ne
pourront être saisis pour aucune créance.

594. En cas de saisie d'animaux et ustensiles servant à l'exploitation des terres, le juge de paix pourra, sur la demande
du saisissant, le propriétaire et le saisi entendus ou appelés,
établir un gérent à l'exploitation.

595. Le procès-verbal contiendra indication du jour de la
vente.

596. Si la partie saisie offre un gardien solvable, et qui
se charge volontairement et sur-le-champ, il sera établi par
l'huissier.

597. Si le saisi ne présente gardien solvable et de la qualité
requise, il en sera établi un par l'huissier.

598. Ne pourront être établis gardiens, le saisissant, son
conjoint, ses parens et alliés, jusqu'au degré de cousin issu
de germain inclusivement, et ses domestiques; mais le saisi,
son conjoint, ses parens, alliés et domestiques, pourront
être établis gardiens, de leur consentement et de celui du
saisissant.

599. Le procès-verbal sera fait sans déplacer; il sera signé
par le gardien en l'original et la copie; s'il ne sait signer, il
en sera fait mention, et il lui sera laissé copie du procès-
verbal.

600. Ceux qui, par voies de fait, empêcheraient l'établissement du gardien, ou qui enleveraient et détourneraient des
effets saisis, seront poursuivis conformément au Code criminel.

601. Si la saisie est faite au domicile de la partie, copie

lui sera laissée, sur-le-champ, du procès-verbal, signée des
personnes qui auront signé l'original ; si la partie est absente,
copie sera remise au maire ou adjoint, ou au magistrat qui,
en cas de refus de portes, aura fait faire ouverture, et qui
visera l'original.

602. Si la saisie est faite hors dn domicile et en l'absence
du saisi, copie lui sera notifiée dans le jour, outre un jour
pour trois myriamètres ; sinou les frais de garde et le délai
pour la vente ne courront que du jour de la notification.

603. Le gardien ne peut se servir des choses saisies, les
louer ou prêter, à peine de privation des frais de garde, et
de dommages et intérêts, au paiement desquels il sera con-
traignable par corps.

604. Si les objets saisis ont produit quelques profits ou
revenus, il est tenu d'en compter même par corps.

605. Il peut demander sa décharge, si la vente n'a pas été
faite au jour indiqué par le procès-verbal, sans qu'elle ait
été empêchée par quelque obstacle ; et en cas d'empêchement,
la décharge peut être demandée deux mois après la saisie,
sauf au saisissant à faire nommer un autre gardien.

606. La décharge sera demandée contre le saisissant et le
saisi, par une assignation en référé devant le juge du lieu de
la saisie ; si elle est accordée, il sera préalablement procédé
au récolement des effets saisis, parties appelées.

607. Il sera passé outre, nonobstant toutes réclamations de
la part de la partie saisie, sur lesquelles il sera statué en référé.

608. Celui qui se prétendra propriétaire des objets saisis,
ou de partie d'iceux, pourra s'opposer à la vente par exploit
signifié au gardien, et dénoncé au saisissant et au saisi, contenant assignation libellée et l'énonciation des preuves de propriété, à peine de nullité ; il y sera statué par le tribunal du
lieu de la saisie, comme en matière sommaire.

Le réclamant qui succombera, sera condamné, s'il y échet,
aux dommages et intérêts du saisissant.

609. Les créanciers du saisi, pour quelque cause que ce soit, même pour loyers, ne pourront former opposition que sur le prix de la vente : leurs oppositions en contiendront les causes; elles seront signifiées au saisissant et à l'huissier ou autre officier chargé de la vente, avec élection de domicile dans le lieu où la saisie est faite, si l'opposant n'y est pas domicilié; le tout à peine de nullité des oppositions et de dommages-intérêts contre l'huissier, s'il y a lieu.

610. Le créancier opposant ne pourra faire aucune poursuite, si ce n'est contre la partie saisie, et pour obtenir condamnation : il n'en sera fait aucune contre lui, sauf à discuter les causes de son opposition lors de la distribution des deniers.

611. L'huissier qui, se présentant pour saisir, trouverait une saisie déjà faite et un gardien établi, ne pourra pas saisir de nouveau; mais il pourra procéder au récolement des meubles et effets, sur le procès-verbal que le gardien sera tenu de lui représenter : il saisira les effets omis, et fera sommation au premier saisissant, de vendre le tout dans la huitaine; le procès-verbal de récolement vaudra opposition sur les deniers de la vente.

612. Faute par le saisissant de faire vendre dans le délai ci-après fixé, tout opposant ayant titre exécutoire pourra, sommation préalablement faite au saisissant, et sans former aucune demande en subrogation, faire procéder au récolement des effets saisis, sur la copie du procès-verbal de saisie, que le gardien sera tenu de représenter, et de suite à la vente.

613. Il y aura au moins huit jours entre la signification de la saisie au débiteur et la vente.

614. Si la vente se fait à un jour autre que celui indiqué par la signification, la partie saisie sera appelée, avec un jour d'intervalle, outre un jour pour trois myriamètres, en raison de la distance du domicile du saisi, et du lieu où les effets seront vendus.

615. Les opposans ne seront point appelés.

616. Le procès-verbal de récolement qui précédera la vente, ne contiendra aucune énonciation des effets saisis, mais seulement de ceux en déficit s'il y en a.

617. La vente sera faite au plus prochain marché public, aux jour et heure ordinaires des marchés, ou un jour de dimanche : pourra néanmoins le tribunal permettre de vendre les effets en un autre lieu plus avantageux. Dans tous les cas, elle sera annoncée un jour auparavant par quatre placards au moins, affichés; l'un au lieu où sont les effets, l'autre à la porte de la maison commune, le troisième au marché du lieu, et, s'il n'y en a pas, au marché voisin, le quatrième à la porte de l'auditoire de la justice de paix; et si la vente se fait dans un lieu autre que le marché ou le lieu où sont les effets, un cinquième placard sera apposé au lieu où se fera la vente. La vente sera en outre annoncée par la voie des journaux, dans les villes où il y en a.

618. Les placards indiqueront les lieu, jour et heure de la vente, et la nature des objets sans détail particulier.

619. L'apposition sera constatée par exploit, auquel sera annexé un exemplaire du placard.

620. S'il s'agit de barques, chaloupes et autres bâtimens de mer du port de dix tonneaux et au-dessous, bacs, galiotes, bateaux et autres bâtimens de rivière, moulins et autres édifices mobiles, assis sur bateaux ou autrement; il sera procédé à leur adjudication sur les ports, gares ou quais où ils se trouvent : il sera affiché quatre placards au moins, conformément à l'article précédent, et il sera fait, à trois jours divers consécutifs, trois publications au lieu où sont lesdits objets; la première publication ne sera faite que huit jours au moins après la signification de la saisie. Dans les villes où il s'imprime des journaux, il sera suppléé à ces trois publications par l'insertion qui sera faite au journal, de l'annonce de ladite vente, laquelle annonce sera répétée trois fois, dans le cours du mois précédant la vente.

621. La vaisselle d'argent, les bagues et joyaux de la valeur de trois cents francs au moins, ne pourront être vendus qu'après placards apposés en la forme ci-dessus, et trois exposi-

tions,

tions, soit au marché, soit dans l'endroit où sont lesdits effets, sans que néanmoins, dans aucun cas, lesdits objets puissent être vendus au-dessous de leur valeur réelle, s'il s'agit de vaisselle d'argent; et d'après l'estimation des gens de l'art, s'il s'agit de bagues et joyaux.

Dans les villes où il s'imprime des journaux, les trois publications seront suppléées comme il est dit en l'article précédent.

622. Lorsque la valeur des effets saisis excédera le montant des causes de la saisie et des oppositions, s'il y en a, il ne sera procédé qu'à la vente des objets suffisant à fournir somme nécessaire pour le paiement des créances et frais.

623. Le procès-verbal constatera la présence ou le défaut de comparution de la partie saisie.

624. L'adjudication sera faite au plus offrant, en payant comptant; faute de paiement, l'effet sera revendu sur le champ à la folle enchère de l'adjudicataire.

625. Les commissaires priseurs et huissiers seront personnellement responsables du prix des adjudications, et feront mention, dans leurs procès-verbaux, des noms et domiciles des adjudicataires : ils ne pourront recevoir d'eux aucune somme au-dessus de l'enchère, à peine de concussion.

TITRE IX.

De la Saisie des fruits pendans par racines ou de la Saisie-brandon.

626. La saisie-brandon ne pourra être faite que dans les six semaines qui précéderont l'époque ordinaire de la maturité des fruits; elle sera précédée d'un commandement, avec un jour d'intervalle.

627. Le procès-verbal de saisie contiendra l'indication de chaque pièce, sa contenance et sa situation, et deux au moins de ses tenans et aboutissans, et la nature des fruits.

Procédure civile. Texte.   8

628. Le garde champêtre sera établi gardien, à moins qu'il
ne soit compris dans l'exclusion portée par l'article 598; s'il
n'est présent, la saisie lui sera signifiée : il sera aussi laissé
copie au maire de la commune de la situation, et l'original
sera visé par lui.

Si les communes sur lesquelles les biens sont situés sont
contiguës ou voisines, il sera établi un seul gardien, autre
néanmoins qu'un garde-champêtre; le *visa* sera donné par
le maire de la commune du chef-lieu de l'exploitation; et
s'il n'y en a pas, par le maire de la commune où est située
la majeure partie des biens.

629. La vente sera annoncée, par placards affichés, huitaine au moins avant la vente, à la porte du saisi, à celle
de la maison commune, et, s'il n'y en a pas, au lieu où
s'apposent les actes de l'autorité publique; au principal marché
du lieu, et, s'il n'y en a pas, au marché le plus voisin, et
à la porte de l'auditoire de la justice de paix.

630. Les placards désigneront les jour, heure et lieu de
la vente; les noms et demeures du saisi et du saisissant; la
quantité d'hectares, et la nature de chaque espèce de fruits,
la commune où ils sont situés, sans autre désignation.

631. L'apposition des placards sera constatée ainsi qu'il
est dit au titre *des Saisies-exécutions.*

632. La vente sera faite un jour de dimanche, ou de marché.

633. Elle pourra être faite sur les lieux, ou sur la place de
la commune où est située la majeure partie des objets saisis.

La vente pourra aussi être faite sur le marché du lieu, et,
s'il n'y en a pas, sur le marché le plus voisin.

634. Seront, au surplus, observées les formalités prescrites
au titre *des Saisies-exécutions.*

634. Il sera procédé à la distribution du prix de la vente
ainsi qu'il sera dit de la distribution par contribution.

TITRE X.

De la Saisie des Rentes constituées sur Particuliers.

636. La saisie d'une rente constituée ne peut avoir lieu qu'en vertu d'un titre authentique et exécutoire.

Elle sera précédée d'un commandement fait à la personne ou au domicile de la partie obligée ou condamnée, au moins un jour avant la saisie, et contenant notification du titre, si elle n'a déjà été faite.

637. La rente sera saisie entre les mains de celui qui la doit, par exploit contenant, outre les formalités ordinaires, l'énonciation du titre constitutif de la rente, de sa quotité et de son capital, et du titre de la créance du saisissant; les nom, profession et demeure de la partie saisie, élection de domicile chez un avoué près le tribunal devant lequel la vente sera poursuivie, et assignation au tiers-saisi en déclaration devant le même tribunal, le tout à peine de nullité.

638. Les dispositions contenues aux articles 570, 571, 572, 573, 574, 575 et 576 relatives aux formalités que doit remplir le tiers-saisi seront observées par le débiteur de la rente.

Et si ce débiteur ne fait pas sa déclaration, ou s'il la fait tardivement, ou s'il ne fait pas les justifications ordonnées, il pourra, selon les cas, être condamné à servir la rente faute d'avoir justifié de sa libération, ou à des dommages-intérêts résultans soit de son silence, soit du retard apporté à faire sa déclaration, soit de la procédure à laquelle il aura donné lieu.

639. La saisie entre les mains de personnes non demeurant en France sur le continent, sera signifiée à personne ou domicile; et seront observés, pour la citation, les délais prescrits par l'article 73.

640. L'exploit de saisie vaudra toujours saisie-arrêt des arrérages échus et à échoir jusqu'à la distribution.

641. Dans les trois jours de la saisie, outre un jour pour

trois myriamètres de distance entre le domicile du débiteur de la rente et celui du saisissant, et pareil délai en raison de la distance entre le domicile de ce dernier et celui de la partie saisie, le saisissant sera tenu, à peine de nullité de la saisie, de la dénoncer à la partie saisie, et de lui notifier le jour de la première publication.

642. Lorsque le débiteur de la rente sera domicilié hors du continent de la République, le délai pour la dénonciation ne courra que du jour de l'échéance de la citation au saisi.

643. Quinzaine après la dénonciation à la partie saisie, le saisissant sera tenu de mettre au greffe du tribunal du domicile de la partie saisie le cahier des charges contenant les noms, professions et demeures du saisissant, de la partie saisie et du débiteur de la rente; la nature de la rente, sa quotité, celle du capital, la date et l'énonciation du titre en vertu duquel elle est constituée; l'énonciation de l'inscription, si le titre contient hypothèque, et si aucune a été prise pour la sureté de la rente; les nom et demeure de l'avoué du poursuivant, les conditions de l'adjudication, et la mise à prix; la première publication se fera à l'audience.

644. Extrait du cahier des charges, contenant les renseignemens ci-dessus, sera remis au greffier huitaine avant la remise du cahier des charges au greffe, et par lui inséré dans un tableau placé à cet effet dans l'auditoire du tribunal devant lequel se poursuit la vente.

645. Huitaine avant la remise du cahier des charges au greffe, pareil extrait sera placardé, 1.° à la porte de la maison de la partie saisie, 2.° à celle du débiteur de la rente, 3.° à la principale porte du tribunal, 4.° et à la principale place du lieu où se poursuit la vente.

646. Pareil extrait sera inséré dans l'un des journaux imprimé dans la ville où se poursuit la vente; et s'il n'y en a pas, dans l'un de ceux imprimés dans le département, s'il y en a.

647. Sera observé, relativement auxdits placards et annonces, ce qui est prescrit au titre *des Saisies immobilières.*

648. La seconde publication se fera huitaine après la première; et la rente saisie pourra, lors de ladite publication, être adjugée, sauf le délai qui sera prescrit par le tribunal.

649. Il sera fait une troisième publication, lors de laquelle l'adjudication définitive sera faite au. plus offrant et dernier enchérisseur.

65o. Il sera affiché nouveaux placards et inséré nouvelles annonces dans les journaux, trois jours avant l'adjudication définitive.

651. Les enchères seront reçues par le ministère d'avoués.

652. Les formalités prescrites au titre *des Saisies immobilières*, pour la rédaction du jugement d'adjudication, l'acquit des conditions et du prix, et la revente sur folle enchère, seront observées lors de l'adjudication des rentes.

653. Si la rente a été saisie par deux créanciers, la poursuite appartiendra à celui qui le premier aura dénoncé; en cas de concurrence, au porteur du titre plus ancien; et si les titres sont de même date, à l'avoué plus ancien.

654. La partie saisie sera tenue de proposer ses moyens de nullité, si aucuns elle a, avant l'adjudication préparatoire, après laquelle elle ne pourra proposer que les moyens de nullité contre les procédures postérieures.

655. La distribution du prix sera faite ainsi qu'il sera prescrit au titre *de la Distribution par Contribution*, sans préjudice néanmoins des hypothèques établies antérieurement à la loi du 11 brumaire an VII.

TITRE XI.

De la Distribution par Contribution.

656. Si les deniers arrêtés ou si le prix des ventes ne suffisent pas pour payer les créanciers, le saisi et les créanciers seront tenus, dans le mois, de convenir de la distribution par contribution.

657. Faute par le saisi et les créanciers de s'accorder dans ledit délai, l'officier qui aura fait la vente, sera tenu de consigner, dans la huitaine suivante, et à la charge de toutes les oppositions, le montant de la vente, déduction faite de ses frais, d'après la taxe qui aura été faite par le juge, sur la minute du procès-verbal; il sera fait mention de cette taxe dans les expéditions.

658. Il sera tenu au greffe un registre des contributions, sur lequel un juge sera commis par le président, sur la réquisition du saisissant ou, à son défaut, de la partie la plus diligente;

Cette réquisition sera faite par simple note portée sur le registre.

659. Après l'expiration des délais portés aux articles 656 et 657, et en vertu de l'ordonnance du juge commis, les créanciers seront sommés de produire, et la partie saisie de prendre communication des pièces produites, et de contredire, s'il y échet.

660. Dans le mois de la sommation, les créanciers opposans, soit entre les mains du saisissant, soit en celles de l'officier qui aura procédé à la vente, produiront, à peine de forclusion, leurs titres ès mains du juge commis, avec acte contenant demande en collocation et constitution d'avoué.

661. Le même acte contiendra la demande à fin de privilége : néanmoins, le propriétaire pourra appeler la partie saisie et l'avoué plus ancien en référé devant le juge commissaire, pour faire statuer préliminairement sur son privilége, pour raison des loyers à lui dus.

662. Les frais de poursuite seront prélevés, par privilége, avant toute créance autre que celle pour loyers dus au propriétaire.

663. Le délai ci-dessus fixé expiré et même auparavant, si les créanciers ont produit, le commissaire dressera, ensuite de son procès-verbal, l'état de distribution sur les pièces produites ; le poursuivant dénoncera, par acte d'avoué, la clôture du procès-verbal aux créanciers produisans et à la partie saisie, avec sommation d'en prendre communication, et de contredire sur le procès - verbal du commissaire dans la quinzaine.

664. Faute par les créanciers et la partie saisie de prendre communication ès mains du juge - commissaire dans ledit délai, ils demeureront forclos, sans nouvelle sommation ni jugement ; il ne sera fait aucun dire, s'il n'y a lieu à contester.

665. S'il n'y a point de contestation, le juge-commissaire clorra son procès-verbal, arrêtera la distribution des deniers, et ordonnera que le greffier délivrera mandement aux créanciers, en affirmant par eux la sincérité de leurs créances.

666. S'il s'élève des difficultés, le juge - commissaire renverra à l'audience ; elle sera poursuivie par la partie la plus diligente, sur un simple acte d'avoué à avoué sans autre procédure.

667. Le créancier contestant, celui contesté, la partie saisie, et l'avoué plus ancien des opposans, seront seuls en cause ; le poursuivant ne pourra être appelé en cette qualité.

668. Le jugement sera rendu sur le rapport du juge-commissaire et les conclusions du ministère public.

669. L'appel de ce jugement sera interjeté dans les dix jours de la signification à avoué ; l'acte d'appel sera signifié au domicile de l'avoué ; il contiendra citation et énonciation des griefs ; il y sera statué comme matière sommaire.

Ne pourront être intimées sur ledit appel que les parties indiquées par l'article 667.

670. Après l'expiration du délai fixé pour l'appel, et, en cas d'appel après la signification de l'arrêt au domicile de l'avoué, le juge-commissaire clorra son procès-verbal, ainsi qu'il est prescrit par l'article 665.

671. Huitaine après la clôture du procès-verbal, le greffier délivrera les mandemens aux créanciers, en affirmant par eux la sincérité de leur créance par-devant lui.

672. Les intérêts des sommes admises en distribution cesseront du jour de la clôture du procès-verbal de distribution, s'il ne s'élève pas de contestation; en cas de contestation, du jour de la signification du jugement qui aura statué; en cas d'appel, quinzaine après la signification du jugement sur appel.

TITRE XII.

De la Saisie immobilière.

673. La saisie immobilière sera précédée d'un commandement à personne ou domicile, en tête duquel sera donnée copie entière du titre en vertu duquel elle est faite : ce commandement contiendra élection de domicile dans le lieu où siége le tribunal qui devra connaître de la saisie, si le créancier n'y demeure pas; il énoncera que, faute de paiement, il sera procédé à la saisie des immeubles du débiteur. L'huissier ne se fera point assister de témoins; il fera, dans le jour, viser l'original par le maire ou l'adjoint du domicile du débiteur, et il laissera une seconde copie à celui qui donnera le *visa*.

674. La saisie immobilière ne pourra être faite que trente jours après le commandement; si le créancier laisse écouler plus de trois mois entre le commandement et la saisie, il sera tenu de le réitérer dans les formes et avec le délai ci-dessus.

675. Le procès-verbal de saisie contiendra, outre les formalités communes à tous les exploits, l'énonciation du jugement ou du titre exécutoire, le transport de l'huissier sur les biens saisis, la désignation de l'extérieur des objets saisis,

si c'est une maison, et énoncera l'arrondissement, la commune et la rue où elle est située, et les tenans et aboutissans: si ce sont des biens ruraux, la désignation des bâtimens, s'il y en a, la nature et la contenance, au moins approximative, de chaque pièce, deux au moins de leurs tenans et aboutissans, le nom du fermier ou colon s'il y en a, l'arrondissement et la commune où elles sont situées: quelle que soit la nature du bien, le procès-verbal contiendra en outre l'extrait de la matrice de rôle de contribution foncière pour tous les articles saisis, l'indication du tribunal où la saisie sera portée, et constitution d'avoué chez lequel le domicile du saisissant sera élu de droit.

676. Copie entière du procès-verbal de saisie sera, avant l'enregistrement, laissée aux greffiers des juges de paix, et aux maires ou adjoints, des communes de la situation de l'immeuble saisi, si c'est une maison; si ce sont des biens ruraux, à ceux de la situation des bâtimens, s'il y en a, et, s'il n'y en a pas, à ceux de la situation de la partie des biens à laquelle la matrice du rôle de la contribution foncière attribue le plus de revenus : les maires ou adjoints et greffiers viseront l'original du procès-verbal, lequel fera mention des copies qui auront été laissées.

677. La saisie immobilière sera transcrite dans un registre à ce destiné au bureau des hypothèques de la situation des biens, pour la partie des objets saisis qui se trouvent dans l'arrondissement.

678. Si le conservateur ne peut procéder à la transcription de la saisie à l'instant où elle lui est présentée, il fera mention sur l'original, qui lui sera laissé, des heure, jour, mois et an auxquels il lui aura été remis ; et en cas de concurrence, le premier présenté sera transcrit.

679. S'il y a eu précédente saisie, le conservateur constatera son refus en marge de la seconde; il énoncera la date de la précédente saisie, les noms, demeures et professions du saisissant et du saisi, l'indication du tribunal où la saisie est portée, le nom de l'avoué du saisissant, et la date de la transcription.

680. La saisie immobilière sera en outre transcrite au greffe
du tribunal où doit se faire la vente, et ce, dans la quinzaine du jour de la transcription au bureau des hypothèques,
outre un jour pour trois myriamètres de distance entre le
lieu de la situation des biens et le tribunal.

681. La saisie immobilière, enregistrée comme il est dit
aux art. 677 et 680, sera dénoncée au saisi dans la quinzaine
du jour du dernier enregistrement, outre un jour pour trois
myriamètres de distance entre le domicile du saisi et la situation des biens. Elle contiendra la date de la première publication. L'original de cette dénonciation sera visé dans les vingt-
quatre heures par le maire du domicile du saisi, et enregistré
dans la huitaine, outre un jour pour trois myriamètres, au
bureau de la conservation des hypothèques de la situation des
biens; et mention en sera faite en marge de l'enregistrement
de la saisie réelle.

682. Le greffier du tribunal sera tenu, dans les trois jours
de l'enregistrement mentionné en l'article 680, d'insérer dans
un tableau placé à cet effet dans l'auditoire, un extrait contenant,

1.° La date de la saisie et des enregistremens;

2.° Les noms, professions et demeures du saisi et du saisissant, et de l'avoué de ce dernier;

3.° Les noms de l'arrondissement, de la commune, de la
rue, des maisons saisies;

4.° L'indication sommaire des biens ruraux, en autant
d'articles qu'il y a de communes, lesquelles seront indiquées,
ainsi que les arrondissemens : chaque article contiendra seulement la nature et la quantité des objets, et les noms des
fermiers ou colons s'il y en a ; si néanmoins les biens situés
dans la même commune sont exploités par plusieurs personnes,
ils seront divisés en autant d'articles qu'il y aura d'exploitans;

5.° L'indication du jour de la première publication:

6.° Les noms des maires et greffiers des juges de paix auxquels copies de la saisie auront été laissées.

683. L'extrait prescrit par l'article précédent sera inséré,
sur la poursuite du saisissant, dans un des journaux im-

primé dans le lieu où siége le tribunal devant lequel la saisie se poursuit, et s'il n'y en a pas, dans l'un de ceux imprimés dans le département, s'il y en a : il sera justifié de cette insertion par la feuille contenant ledit extrait, avec la signature de l'imprimeur, légalisée par le maire.

684. Extrait pareil à celui prescrit par l'article précédent, imprimé en forme de placard, sera affiché,

1.° A la porte du domicile du saisi ;

2.° A la principale porte des édifices saisis ;

3°. A la principale place de la commune où le saisi est domicilié, de celle de la situation des biens, et de celle du tribunal où la vente se poursuit ;

4°. Au principal marché desdites communes, et, lorsqu'il n'y en a pas, aux deux marchés les plus voisins ;

5.° A la porte de l'auditoire du juge de paix de la situation des bâtimens; et, s'il n'y a pas de bâtimens, à la porte de l'auditoire de la justice de paix où se trouve la majeure partie des biens saisis ;

6.° Aux portes extérieures des tribunaux du domicile du saisi, de la situation des biens, et de la vente.

685. L'apposition des placards sera constatée par un acte auquel sera annexé un exemplaire du placard : par cet acte, l'huissier attestera que l'apposition a été faite aux lieux désignés par la loi, sans les détailler.

686. Les originaux du placard, et le procès-verbal d'apposition, ne pourront être grossoyés sous aucun prétexte.

687. L'original dudit procès-verbal sera visé par le maire de chacune des communes dans lesquelles l'apposition aura été faite; et il sera notifié à la partie saisie avec copie du placard.

688. Si les immeubles saisis ne sont pas loués ou affermés, le saisi en restera en possession jusqu'à la vente, comme séquestre judiciaire, à moins qu'il ne soit autrement ordonné par le juge, sur la réclamation d'un ou plusieurs créanciers ; les

créanciers pourront néanmoins faire faire la coupe et la vente, en tout ou en partie, des fruits pendans par les racines.

689. Les fruits échus depuis la dénonciation au saisi, seront immobilisés, pour être distribués avec le prix de l'immeuble par ordre d'hypothèque.

690. Le saisi ne pourra faire aucune coupe de bois ni dégradation, à peine de dommages et intérêts, auxquels il sera condamné par corps; il pourra même être poursuivi par la voie criminelle, suivant la gravité des circonstances.

691. Si les immeubles sont loués par bail dont la date ne soit pas certaine avant le commandement, la nullité pourra en être prononcée, si les créanciers ou l'adjudicataire le demandent.

Si le bail a une date certaine, les créanciers pourront saisir et arrêter les loyers ou fermages, et dans ce cas il en sera des loyers ou fermages échus depuis la dénonciation faite au saisi, comme des fruits mentionnés en l'art. 689.

692. La partie saisie ne peut, à compter du jour de la dénonciation à elle faite de la saisie, aliéner les immeubles, à peine de nullité, et sans qu'il soit besoin de la faire prononcer.

693. Néanmoins l'aliénation ainsi faite aura son exécution, si avant l'adjudication l'acquéreur consigne somme suffisante pour acquitter en principal, intérêts et frais, les créances inscrites, et signifie l'acte de consignation aux créanciers inscrits.

Si les deniers ainsi déposés ont été empruntés, les prêteurs n'auront d'hypothèque que postérieurement aux créanciers inscrits lors de l'aliénation.

694. Faute d'avoir fait la consignation avant l'adjudication, il ne pourra y être sursis sous aucun prétexte.

695. Un exemplaire du placard imprimé prescrit par l'article 684, sera notifié aux créanciers inscrits, aux domiciles élus par leurs inscriptions, huit jours au moins avant la première publication de l'enchère, outre un jour pour trois my-

riamètres de distance entre la commune du bureau de la conservation et celle où se fait la vente.

696. La notification prescrite par l'article précédent sera
enregistrée en marge de la saisie, au bureau de la conservation : du jour de cet enregistrement, la saisie ne pourra plus
être rayée que du consentement des créanciers, ou en vertu de
jugemens rendus contre eux.

697. Quinzaine au moins avant la première publication, le
poursuivant déposera au greffe le cahier des charges contenant, 1.° l'énonciation du titre en vertu duquel la saisie a été
faite, du commandement, de l'exploit de saisie, et des actes
et jugemens qui auront pu être faits ou rendus; 2.° la désignation des objets saisis, telle qu'elle a été insérée dans le procès-
verbal; 3.° les conditions de la vente; 4.° et une mise à prix
par le poursuivant.

698. Le poursuivant demeurera adjudicataire pour la mise
à prix, s'il ne se présente pas de surenchérisseur.

699. Les dires, publications et adjudications seront mis sur
le cahier des charges, à la suite de la mise à prix.

700. Le cahier des charges sera publié, pour la première
fois, un mois au moins après la notification du procès-verbal
d'affiches à la partie saisie.

701. Il ne pourra y avoir moins d'un mois ni plus de
six semaines de délai entre ladite notification et la première
publication.

702. Le cahier des charges sera publié à l'audience successivement de quinzaine en quinzaine, trois fois au moins avant
l'adjudication préparatoire.

703. Huit jours au moins avant cette adjudication, outre un
jour pour trois myriamètres de distance entre le lieu de la situation de la majeure partie des biens saisis, et celui où siège
le tribunal, il sera inséré dans un journal, ainsi qu'il est dit
en l'article 683, de nouvelles annonces; les mêmes placards
seront apposés aux endroits désignés en l'article 684; ils con-

tiendront en outre, la mise à prix et l'indication du jour où
se fera l'adjudication préparatoire.

Cette addition sera manuscrite, et si elle donnait lieu à une
réimpression de placard, les frais n'entreront pas en taxe.

704. Dans les quinze jours de cette adjudication, nouvelles
annonces seront insérées dans les journaux, et nouveaux placards affichés dans la forme ci-dessus, contenant, en outre, la
mention de l'adjudication préparatoire, du prix moyennant
lequel elle a été faite, et indication du jour de l'adjudication
définitive.

705. L'insertion aux journaux, des seconde et troisième annonces, et les seconde et troisième appositions de placards
seront justifiées dans la même forme que les premières.

706. Il sera procédé à l'adjudication définitive, au jour indiqué lors de l'adjudication préparatoire; le délai entre les deux
adjudications ne pourra être moindre de six semaines.

707. Les enchères seront faites par le ministère d'avoués et
à l'audience: aussi-tôt que les enchères seront ouvertes, il sera
allumé successivement des bougies préparées de manière que
chacune ait une durée d'environ une minute.

L'enchérisseur cesse d'être obligé si son enchère est couverte
par une autre, lors même que cette dernière serait déclarée
nulle.

708. Aucune adjudication ne pourra être faite qu'après
l'extinction de trois bougies allumées successivement.

S'il y a eu enchérisseur lors de l'adjudication préparatoire,
l'adjudication ne deviendra définitive qu'après l'extinction de
trois feux, sans nouvelle enchère.

Si, pendant la durée d'une des trois premières bougies, il
survient des enchères, l'adjudication ne pourra être faite qu'a-
près l'extinction de deux feux sans enchère survenue pendant
leur durée.

709. L'avoué dernier enchérisseur sera tenu, dans les trois
jours de l'adjudication, de déclarer l'adjudicataire, et de fournir son acceptation; sinon, de représenter son pouvoir, lequel

.demeurera annexé à la minute de sa déclaration : faute de ce faire, il sera réputé adjudicataire en son nom.

710. Toute personne pourra, dans la huitaine du jour où l'adjudication aura été prononcée, faire au greffe du tribunal, par elle-même ou par un fondé de procuration spéciale, une surenchère, pourvu qu'elle soit du quart au moins du prix principal de la vente.

711. La surenchère permise par l'article précédent, ne sera reçue qu'à la charge, par le surenchérisseur, d'en faire, à peine de nullité, la dénonciation, dans les vingt-quatre heures, aux avoués de l'adjudicataire, du poursuivant et de la partie saisie, si elle a avoué constitué, sans néanmoins qu'il soit nécessaire de faire cette dénonciation à la personne ou au domicile de la partie saisie qui n'aurait pas d'avoué.

La dénonciation sera faite par un simple acte contenant avenir à la prochaine audience, sans autre procédure.

712. Au jour indiqué, ne pourront être admis à concourir que l'adjudicataire et celui qui aura enchéri du quart, lequel, en cas de folle enchère, sera tenu par corps de la différence de son prix d'avec celui de la vente.

713. Les avoués né pourront se rendre adjudicataires pour le saisi, les personnes notoirement insolvables, les juges, juges suppléans, procureurs généraux impériaux, les substituts et les greffiers du tribunal où se poursuit et se fait la vente, à peine de nullité de l'adjudication, et de tous dommages et intérêts.

714. Le jugement d'adjudication ne sera autre que la copie du cahier des charges, rédigée ainsi qu'il est dit dans l'article 697 ; il sera revêtu de l'intitulé des jugemens et du mandement qui les termine, avec injonction à la partie saisie de délaisser la possession aussi-tôt la signification du jugement, sous peine d'y être contrainte, même par corps.

715. Le jugement d'adjudication ne sera délivré à l'adjudicataire, qu'en rapportant par lui au greffier quittance des frais ordinaires de poursuite, et la preuve qu'il a satisfait aux conditions de l'enchère, qui doivent être exécutées avant ladite délivrance ; lesquelles quittances demeureront annexées à la

minute du jugement, et seront copiées ensuite de l'adjudication : faute par l'adjudicataire de faire lesdites justifications dans les vingt jours de l'adjudication, il y sera contraint par la voie de la folle enchère, ainsi qu'il sera dit ci-après, sans préjudice des autres voies de droit.

716. Les frais extraordinaires de poursuite seront payés par privilége sur le prix, lorsqu'il en aura été ainsi ordonné par jugement.

717. Les formalités prescrites par les articles 673, 674, 675, 676, 677, 680, 681, 682, 683, 684, 685, 687, 695, 696, 697, 699, 700, 701, 702, 703, 704, 705, 706, 707, 708, seront observées à peine de nullité.

TITRE XIII.

Des Incidens sur la poursuite de Saisie immobilière.

718. Toute contestation incidente à une poursuite de saisie immobilière, sera jugée sommairement dans les cours et dans les tribunaux ; les demandes ne seront pas précédées de citation au bureau de conciliation.

719. Si deux saisissans ont fait enregistrer deux saisies de biens différens, poursuivies dans le même tribunal, elles seront réunies sur la requête de la partie la plus diligente, et seront continuées par le premier saisissant : la jonction sera ordonnée, encore que l'une des saisies soit plus ample que l'autre ; mais elle ne pourra, en aucun cas, être demandée après la mise de l'enchère au greffe ; en cas de concurrence, la poursuite appartiendra à l'avoué porteur du titre plus ancien ; et, si les titres sont de même date, à l'avoué le plus ancien.

720. Si une seconde saisie présentée à l'enregistrement est plus ample que la première, elle sera enregistrée pour les objets non compris en la première saisie, et le second saisissant sera tenu de dénoncer sa saisie au premier saisissant, qui poursuivra sur les deux, si elles sont au même état ; sinon sursoira à la première, et suivra sur la deuxième jusqu'à ce

qu'elle

qu'elle soit au même degré ; et alors elles seront réunies en
une seule poursuite, qui sera portée devant le tribunal de
la première saisie.

721. Faute par le premier saisissant d'avoir poursuivi sur la
seconde saisie à lui dénoncée, conformément à l'article ci-
dessus, le second saisissant pourra, par un simple acte, demander la subrogation.

722. Elle pourra être également demandée en cas de collusion, fraude ou négligence de la part du poursuivant.

Il y a négligence, lorsque le poursuivant n'a pas rempli
une formalité, ou n'a pas fait un acte de procédure dans les
délais prescrits ; sauf, dans le cas de collusion ou fraude, les
dommages-intérêts envers qui il appartiendra.

723. L'appel d'un jugement qui aura statué sur cette contestation incidente, ne sera recevable que dans la quinzaine du
jour de la signification à avoué.

724. Le poursuivant contre qui la subrogation aura été prononcée, sera tenu de remettre les pièces de la poursuite au
subrogé, sur son récépissé ; et il ne sera payé de ses frais
qu'après l'adjudication, soit sur le prix, soit par l'adjudicataire.

Si le poursuivant a contesté la subrogation, les frais de la
contestation seront à sa charge, et ne pourront, en aucun cas,
être employés en frais de poursuite et payés sur le prix.

725. Lorsqu'une saisie immobilière aura été rayée, le plus
diligent des saisissans postérieurs pourra poursuivre sur sa
saisie, encore qu'il ne se soit pas présenté le premier à l'enregistrement.

726. Si le débiteur interjette appel du jugement en vertu
duquel on procède à la saisie, il sera tenu d'intimer sur cet
appel, et de dénoncer et faire viser l'intimation au greffier
du tribunal devant lequel se poursuit la vente ; et ce, trois
jours, au moins, avant la mise du cahier des charges au greffe:
sinon l'appel ne sera pas reçu, et il sera passé outre à l'adjudication.

Procédure civile. Texte.　　　　　　　　　　9

727. La demande en distraction de tout ou de partie de l'objet saisi, sera formée par requête d'avoué, tant contre le saisissant que contre la partie saisie, le créancier premier inscrit et l'avoué adjudicataire provisoire. Cette action sera formée par exploit contre celle des parties qui n'aura pas avoué en cause ; et dans ce cas, contre le créancier au domicile élu par l'inscription.

728. La demande en distraction contiendra l'énonciation des titres justificatifs, qui seront déposés au greffe, et la copie de l'acte de ce dépôt.

729. Si la distraction demandée n'est que d'une partie des objets saisis, il sera passé outre, nonobstant cette demande, à la vente du surplus des objets saisis : pourront néanmoins les juges, sur la demande des parties intéressées, ordonner le sursis pour le tout ; l'adjudicataire provisoire peut, dans ce cas, demander la décharge de son adjudication.

730. L'appel du jugement rendu sur la demande en distraction, sera interjeté avec assignation, dans la quinzaine du jour de la signification à personne ou domicile, outre un jour par trois myriamètres, en raison de la distance du domicile réel des parties ; ce délai passé, l'appel ne sera plus reçu.

731. L'adjudication définitive ne transmet à l'adjudicataire d'autres droits à la propriété que ceux qu'avait le saisi.

732. Lorsque l'une des publications de l'enchère aura été retardée par un incident, il ne pourra y être procédé qu'après une nouvelle apposition de placards, et insertion de nouvelles annonces, en la forme ci-dessus prescrite.

733. Les moyens de nullité contre la procédure qui précède l'adjudication préparatoire, ne pourront être proposés après ladite adjudication ; ils seront jugés avant ladite adjudication ; et si les moyens de nullité sont rejetés, l'adjudication préparatoire sera prononcée par le même jugement.

734. L'appel du jugement qui aura statué sur ces nullités, ne sera pas reçu s'il n'a été interjeté avec intimation dans la

quinzaine de la signification du jugement à avoué; l'appel sera notifié au greffier et visé par lui.

735. La partie saisie sera tenue de proposer par requête, avec avenir à jour indiqué, ses moyens de nullité, si aucuns elle a, contre les procédures postérieures à l'adjudication provisoire, vingt jours, au moins, avant celui indiqué pour l'adjudication définitive : les juges seront tenus de statuer sur les moyens de nullité, dix jours, au moins, avant ladite adjudication définitive.

736. L'appel de ce jugement ne sera pas recevable après la huitaine de la prononciation; il sera notifié au greffier et visé par lui : la partie saisie ne pourra, sur l'appel, proposer autres moyens de nullité, que ceux présentés en première instance.

737. Faute par l'adjudicataire d'exécuter les clauses d'adjudication, le bien sera vendu à sa folle enchère.

738. Le poursuivant la vente sur folle enchère se fera délivrer par le greffier un certificat constatant que l'adjudicataire n'a point justifié de l'acquit des conditions exigibles de l'adjudication.

739. Sur ce certificat, et sans autre procédure ni jugement, il sera apposé nouveaux placards, et inséré nouvelles annonces, dans la forme ci-dessus prescrite, lesquels porteront que l'enchère sera publiée de nouveau au jour indiqué; cette publication ne pourra avoir lieu que quinzaine au moins après l'apposition des placards.

740. Le placard sera signifié à l'avoué de l'adjudicataire, et à la partie saisie, au domicile de son avoué, et, si elle n'en a pas, à son domicile, au moins huit jours avant la publication.

741. L'adjudication préparatoire pourra être faite à la seconde publication, qui aura lieu quinzaine après la première.

742. A la quinzaine suivante, ou au jour plus éloigné qui

aura été fixé par le tribunal, il sera procédé à une troisième publication, lors de laquelle les objets saisis pourront être vendus définitivement : chacune desdites publications sera précédée de placards et annonces, ainsi qu'il est dit ci-dessus ; et seront observées, lors de l'adjudication, les formalités prescrites par les articles 707, 708 et 709.

743. Si néanmoins l'adjudicataire justifiait de l'acquit des conditions de l'adjudication, et consignait la somme réglée par le tribunal pour le paiement des frais de folle enchère, il ne serait pas procédé à l'adjudication définitive, et l'adjudicataire éventuel serait déchargé.

744. Le fol enchérisseur est tenu par corps de la différence de son prix d'avec celui de la revente sur folle enchère, sans pouvoir réclamer l'excédant s'il y en a ; cet excédant sera payé aux créanciers, ou, si les créanciers sont désintéressés, à la partie saisie.

745. Les articles relatifs aux nullités et aux délais et formalités de l'appel, sont communs à la poursuite de la folle enchère.

746. Les immeubles appartenant à des majeurs maîtres de disposer de leurs droits, ne pourront, à peine de nullité, être mis aux enchères en justice, lorsqu'il ne s'agira que de ventes volontaires.

747. Néanmoins lorsqu'un immeuble aura été saisi réellement, il sera libre aux intéressés, s'ils sont tous majeurs et maîtres de leurs droits, de demander que l'adjudication soit faite aux enchères, devant notaires ou en justice, sans autres formalités que celles prescrites aux art. 957, 958, 959, 960, 961, 962, 964, sur la vente des biens immeubles.

748. Dans les cas de l'article précédent, si un mineur ou interdit est créancier, le tuteur pourra, sur un avis de parens, se joindre aux autres parties intéressées pour la même demande.

Si le mineur ou interdit est débiteur, les autres parties intéressées ne pourront faire demande, qu'en se soumettant à observer toutes les formalités pour la vente des biens des mineurs.

TITRE XIV.

De l'Ordre.

749. Dans le mois de la signification du jugement d'adjudication s'il n'est pas attaqué, en cas d'appel, dans le mois de la signification du jugement confirmatif, les créanciers et la partie saisie seront tenus de se régler entre eux sur la distribution du prix.

750. Le mois expiré, faute par les créanciers, et la partie saisie de s'être réglés entre eux, le saisissant, dans la huitaine, et à son défaut, après ce délai, le créancier le plus diligent ou l'adjudicataire, requerra la nomination d'un juge-commissaire, devant lequel il sera procédé à l'ordre.

751. Il sera tenu au greffe, à cet effet, un registre des adjudications sur lequel le requérant l'ordre fera son réquisitoire, à la suite duquel le président du tribunal nommera un juge-commissaire.

752. Le poursuivant prendra l'ordonnance du juge commis, qui ouvrira le procès-verbal d'ordre, auquel sera annexé un extrait, délivré par le conservateur, de toutes les inscriptions existantes.

753. En vertu de l'ordonnance du commissaire, les créanciers seront sommés de produire, par acte signifié aux domiciles élus par leurs inscriptions, ou à celui de leurs avoués, s'il y en a de constitués.

754. Dans le mois de cette sommation, chaque créancier sera tenu de produire ses titres avec acte de produit, signé de son avoué, et contenant demande en collocation. Le commissaire fera mention de la remise sur son procès-verbal.

755. Le mois expiré, et même auparavant, si les créanciers ont produit, le commissaire dressera, ensuite de son

procès-verbal, un état de collocation sur les pièces produites. Le poursuivant dénoncera, par acte d'avoué à avoué, aux créanciers produisans et à la partie saisie, la confection de l'état de collocation, avec sommation d'en prendre communication, et de contredire, s'il y échet, sur le procès-verbal du commissaire, dans le délai d'un mois.

756. Faute par les créanciers produisans, de prendre communication des productions ès mains du commissaire dans ledit délai, ils demeureront forclos, sans nouvelle sommation ni jugement; il ne sera fait aucun dire, s'il n'y a contestation.

757. Les créanciers qui n'auront produit qu'après le délai fixé, supporteront sans répétition, et sans pouvoir les employer dans aucun cas, les frais auxquels leur production tardive, et la déclaration d'icelle aux créanciers à l'effet d'en prendre connaissance auront donné lieu. Ils seront garans des intérêts qui auront couru, à compter du jour où ils auraient cessé si la production eût été faite dans le délai fixé.

758. En cas de contestation, le commissaire renverra les contestans à l'audience, et néanmoins arrêtera l'ordre pour les créances antérieures à celles contestées, et ordonnera la délivrance des bordereaux de collocation de ces créanciers, qui ne seront tenus à aucun rapport à l'égard de ceux qui produiraient postérieurement.

759. S'il ne s'élève aucune contestation, le juge-commissaire fera la clôture de l'ordre; il liquidera les frais de radiation et de poursuite d'ordre, qui seront colloqués par préférence à toutes autres créances; il prononcera la déchéance des créanciers non produisans, ordonnera la délivrance des bordereaux de collocation aux créanciers utilement colloqués, et la radiation des inscriptions de ceux non utilement colloqués. Il sera fait distraction, en faveur de l'adjudicataire, sur le montant de chaque bordereau, des frais de radiation de l'inscription.

760. Les créanciers postérieurs en ordre d'hypothèque aux collocations contestées seront tenus, dans la huitaine du mois accordé pour contredire, de s'accorder entre eux sur le

choix d'un avoué ; sinon, ils seront représentés par l'avoué du dernier créancier colloqué. Le créancier qui contestera individuellement, supportera les frais auxquels sa contestation particulière aura donné lieu, sans pouvoir les répéter ni employer en aucun cas. L'avoué poursuivant ne pourra en cette qualité être appelé dans la contestation.

761. L'audience sera poursuivie par la partie la plus diligente, sur un simple acte d'avoué à avoué, sans autre procédure.

762. Le jugement sera rendu sur le rapport du juge-commissaire et les conclusions du ministère public ; il contiendra liquidation des frais.

763. L'appel de ce jugement ne sera reçu, s'il n'est interjeté, dans les dix jours de sa signification à avoué, outre un jour par trois myriamètres de distance du domicile réel de chaque partie ; il contiendra assignation et l'énonciation des griefs.

764. L'avoué du créancier dernier colloqué pourra être intimé s'il y a lieu.

765. Il ne sera signifié sur l'appel que des conclusions motivées de la part des intimés, et l'audience sera poursuivie ainsi qu'il est dit en l'article 761.

766. L'arrêt contiendra liquidation des frais ; les parties qui succomberont sur l'appel, seront condamnées aux dépens, sans pouvoir les répéter.

767. Quinzaine après le jugement des contestations, et en cas d'appel, quinzaine après la signification de l'arrêt qui y aura statué, le commissaire arrêtera définitivement l'ordre des créances contestées et de celles postérieures, et ce, conformément à ce qui est prescrit par l'article 759 : les intérêts et arrérages des créanciers utilement colloqués cesseront.

768. Les frais de l'avoué qui aura représenté les créanciers contestans, seront colloqués par préférence à toutes autres créances sur ce qui restera de deniers à distribuer, déduction

faite de ceux qui auront été employés à acquitter les créances antérieures à celles contestées.

769. L'arrêt qui autorisera l'emploi des frais, prononcera la subrogation au profit du créancier sur lequel les fonds manqueront, ou de la partie saisie. L'exécutoire énoncera cette disposition et indiquera la partie qui devra en profiter.

770. La partie saisie et le créancier sur lequel les fonds manqueront, auront leur recours contre ceux qui auront succombé dans la contestation, pour les intérêts et arrérages qui auront couru pendant le cours desdites contestations.

771. Dans les dix jours après l'ordonnance du juge-commissaire, le greffier délivrera à chaque créancier utilement colloqué, le bordereau de collocation qui sera exécutoire contre l'acquéreur.

772. Le créancier colloqué, en donnant quittance du montant de sa collocation, consentira la radiation de son inscription.

773. Au fur et à mesure du paiement des collocations, le conservateur des hypothèques, sur la représentation du bordereau et de la quittance du créancier, déchargera d'office l'inscription, jusqu'à concurrence de la somme acquittée.

774. L'inscription d'office sera rayée définitivement, en justifiant, par l'adjudicataire, du paiement de la totalité de son prix, soit aux créanciers utilement colloqués, soit à la partie saisie, et de l'ordonnance du juge-commissaire qui prononce la radiation des inscriptions des créanciers non colloqués.

775. En cas d'aliénation autre que celle par expropriation, l'ordre ne pourra être provoqué s'il n'y a plus de trois créanciers inscrits, et il le sera par le créancier le plus diligent ou l'acquéreur, après l'expiration des trente jours qui suivront les délais prescrits par les articles 2185 et 2194 du Code civil.

776. L'ordre sera introduit et réglé dans les formes prescrites par le présent titre.

777. L'acquéreur sera employé par préférence pour le coût de l'extrait des inscriptions et dénonciations aux créanciers inscrits.

778. Tout créancier pourra prendre inscription pour conserver les droits de son débiteur; mais le montant de la collocation du débiteur sera distribué, comme chose mobilière, entre tous les créanciers inscrits ou opposans ayant le jugement d'ordre.

779. En cas de retard ou de négligence dans la poursuite d'ordre, la subrogation pourra être demandée. La demande en sera formée par requête insérée au procès-verbal d'ordre, communiquée au poursuivant par acte d'avoué, jugée sommairement en la chambre du conseil, sur le rapport du juge-commissaire.

TITRE XV.

De l'Emprisonnement.

780. Aucune contrainte par corps ne pourra être mise à exécution qu'un jour après la signification, avec commandement, du jugement qui l'a prononcée.

Cette signification sera faite par un huissier commis par ledit jugement ou par le président du tribunal de première instance du lieu où se trouve le débiteur.

La signification contiendra aussi élection de domicile dans la commune où siége le tribunal qui a rendu ce jugement, si le créancier n'y demeure pas.

781. Le débiteur ne pourra être arrêté, 1.º avant le lever et après le coucher du soleil;

2.º Les jours de fêtes légales;

3.º Dans les édifices consacrés au culte, et pendant les exercices religieux seulement;

4.º Dans le lieu et pendant la tenue des séances des autorités constituées;

5.º Dans une maison quelconque, même dans son domicile,

à moins qu'il n'eût été ainsi ordonné par le juge de paix du lieu, lequel juge de paix devra, dans ce cas, se transporter dans la maison avec l'officier ministériel.

782. Le débiteur ne pourra non plus être arrêté, lorsqu'appelé comme témoin devant un directeur du jury ou devant un tribunal de première instance, ou une cour de justice criminelle ou d'appel, il sera porteur d'un sauf-conduit.

Le sauf-conduit pourra être accordé par le directeur du jury, par le président du tribunal ou de la cour où les témoins devront être entendus. Les conclusions du ministère public seront nécessaires.

Le sauf-conduit réglera la durée de son effet, à peine de nullité.

En vertu du sauf-conduit, le débiteur ne pourra être arrêté ni le jour fixé pour sa comparution, ni pendant le temps nécessaire pour aller et pour revenir.

783. Le procès-verbal d'emprisonnement contiendra, outre les formalités ordinaires des exploits, 1.° itératif commandement ; 2.° élection de domicile dans la commune où le débiteur sera détenu, si le créancier n'y demeure pas : l'huissier sera assisté de deux recors.

784. S'il s'est écoulé une année entière depuis le commandement, il sera fait un nouveau commandement par un huissier commis à cet effet.

785. En cas de rebellion, l'huissier pourra établir garnison aux portes pour empêcher l'évasion, et requérir la force armée, et le débiteur sera poursuivi conformément aux dispositions du Code criminel.

786. Si le débiteur requiert qu'il en soit référé, il sera conduit sur-le-champ devant le président du tribunal de première instance du lieu où l'arrestation aura été faite, lequel statuera en état de référé : si l'arrestation est faite hors des heures de l'audience, le débiteur sera conduit chez le président.

787. L'ordonnance sur référé sera consignée sur le procès-verbal de l'huissier, et sera exécutée sur-le-champ.

788. Si le débiteur ne requiert pas qu'il en soit référé, ou si, en cas de référé, le president ordonne qu'il soit passé outre, le débiteur sera conduit dans la prison du lieu; et s'il n'y en a pas, dans celle du lieu le plus voisin : l'huissier et tous autres qui conduiraient, recevraient ou retiendraient le débiteur dans un lieu de détention non légalement désigné comme tel, seront poursuivis comme coupables du crime de détention arbitraire.

789. L'écrou du débiteur énoncera, 1.° le jugement; 2.° les noms et domicile du créancier; 3.° l'élection de domicile s'il ne demeure pas dans la commune ; 4.° les noms, demeure et profession du débiteur; 5.° la consignation d'un mois d'alimens au moins ; 6.° enfin, mention de la copie qui sera laissée au débiteur, parlant à sa personne, tant du procès-verbal d'emprisonnement que de l'écrou. Il sera signé de l'huissier.

790. Le gardien ou geolier transcrira sur son registre le jugement qui autorise l'arrestation : faute par l'huissier de représenter ce jugement, le geolier refusera de recevoir le débiteur et de l'écrouer.

791. Le créancier sera tenu de consigner les alimens d'avance. Les alimens ne pourront être retirés lorsqu'il y aura recommandation, si ce n'est du consentement du recommandant.

792. Le débiteur pourra être recommandé par ceux qui auraient le droit d'exercer contre lui la contrainte par corps. Celui qui est arrêté comme prévenu d'un délit, peut aussi être recommandé, et il sera retenu par l'effet de la recommandation, encore que son élargissement ait été prononcé et qu'il ait été acquitté du délit.

793. Seront observées, pour les recommandations, les formalités ci-dessus prescrites pour l'emprisonnement ; néanmoins l'huissier ne sera pas assisté de recors, et le recomman-

dant sera dispensé de consigner les alimens, s'ils ont été consignés. -

Le créancier qui a fait emprisonner pourra se pourvoir contre le recommandataire devant le tribunal du lieu où le débiteur est détenu, à l'effet de le faire contribuer au paiement des alimens, par portion égale.

794. A défaut d'observation des formalités ci-dessus prescrites, le débiteur pourra demander la nullité de l'emprisonnement, et la demande sera portée au tribunal du lieu où il est détenu; si la demande en nullité est fondée sur des moyens du fond, elle sera portée devant le tribunal de l'exécution du jugement.

795. Dans tous les cas, la demande pourra être formée à bref délai, en vertu de permission de juge, et l'assignation donnée par huissier commis au domicile élu par l'écrou : la cause sera jugée sommairement, sur les conclusions du ministère public.

796. La nullité de l'emprisonnement, pour quelque cause qu'elle soit prononcée, n'emporte point la nullité des recommandations.

797. Le débiteur dont l'emprisonnement est déclaré nul ne peut être arrêté pour la même dette, qu'un jour au moins après sa sortie.

798. Le débiteur sera mis en liberté, en consignant entre les mains du geolier de la prison les causes de son emprisonnement et les frais de la capture.

799. Si l'emprisonnement est déclaré nul, le créancier pourra être condamné en des dommages-intérêts envers le débiteur.

800. Le débiteur légalement incarcéré obtiendra son élargissement,

1.° Par le consentement du créancier qui l'a fait incarcérer, et des recommandans, s'il y en a;

2.º Par le paiement ou la consignation des sommes dues, tant au créancier qui a fait emprisonner qu'au recommandant, des intérêts échus, des frais liquidés, de ceux d'emprisonnement, et de la restitution des alimens consignés ;

3.º Par le bénéfice de cession ;

4.º A défaut par les créanciers d'avoir consigné d'avance les alimens ;

5.º Et enfin, si le débiteur a commencé sa soixante-dixième année, et si, dans ce dernier cas, il n'est pas stellionataire.

801. Le consentement à la sortie du débiteur pourra être donné, soit devant notaire, soit sur le registre d'écrou.

802. La consignation de la dette sera faite entre les mains du geolier, sans qu'il soit besoin de la faire ordonner ; si le geolier refuse, il sera assigné à bref délai devant le tribunal du lieu, en vertu de permission. L'assignation sera donnée par huissier commis.

803. L'élargissement, faute de consignation d'alimens, sera ordonné sur le certificat de non-consignation, délivré par le geolier, et annexé à la requête présentée au président du tribunal, sans sommation préalable.

Si cependant le créancier en retard de consigner les alimens fait la consignation avant que le débiteur ait formé sa demande en élargissement, cette demande ne sera plus recevable.

804. Lorsque l'élargissement aura été ordonné faute de consignation d'alimens, le créancier ne pourra de nouveau faire emprisonner le débiteur, qu'en lui remboursant les frais par lui faits pour obtenir son élargissement, ou en les consignant, à son refus, ès mains du greffier, et en consignant aussi d'avance six mois d'alimens : on ne sera point tenu de recommencer les formalités préalables à l'emprisonnement, s'il a lieu dans l'année du commandement.

8o5. Les demandes en élargissement seront portées au tribunal dans le ressort duquel le débiteur est détenu. Elles seront formées à bref délai, au domicile élu par l'écrou, en vertu de permission du juge, sur requête présentée à cet effet : elles seront communiquées au ministère public, et jugées sans instruction, à la première audience, préférablement à toutes autres causes, sans remise ni tour de rôle.

TITRE XVI.

Des Référés.

8o6. Dans tous les cas d'urgence, ou lorsqu'il s'agira de statuer provisoirement sur les difficultés relatives à l'exécution d'un titre exécutoire ou d'un jugement, il sera procédé ainsi qu'il va être réglé ci-après.

8o7. La demande sera portée à une audience tenue à cet effet par le président du tribunal de première instance, ou par le juge qui le remplace, aux jour et heure indiqués par le tribunal.

8o8. Si néanmoins le cas requiert célérité, le président ou celui qui le représentera, pourra permettre d'assigner soit à l'audience, soit à son hôtel, à heure indiquée, même les jours de fêtes ; et dans ce cas l'assignation ne pourra être donnée qu'en vertu de l'ordonnance du juge qui commettra un huissier à cet effet.

8o9. Les ordonnances sur référé ne feront aucun préjudice au principal ; elles seront exécutoires par provision, sans caution, si le juge n'a pas ordonné qu'il en serait fourni une.

Elle ne seront pas susceptibles d'opposition.

Dans les cas où la loi autorise l'appel, cet appel pourra être interjeté même avant le délai de huitaine, à dater du jugement, et il ne sera point recevable s'il a été interjeté après la quinzaine, à dater du jour de la signification du jugement.

L'appel sera jugé sommairement et sans procédures.

810. Les minutes des ordonnances sur référé seront déposées au greffe.

811. Dans les cas d'absolue nécessité, le juge pourra ordonner l'exécution de son ordonnance sur la minute.

II.ᵉ PARTIE.

PROCÉDURES DIVERSES.

LIVRE I.ᵉʳ

TITRE I.ᵉʳ

Des Offres de paiement et de la Consignation.

A RT. 812.

TOUT procès-verbal d'offres désignera l'objet offert, de manière qu'on ne puisse y en substituer un autre ; et si ce sont des espèces, il en contiendra l'énumération et la qualité.

813. Le procès-verbal fera mention de la réponse, du refus ou de l'acceptation du créancier, et s'il a signé, refusé ou déclaré ne pouvoir signer.

814. Si le créancier refuse les offres, le débiteur peut, pour se libérer, consigner la somme ou la chose offerte, en observant les formalités prescrites par l'article 1259 du Code civil.

815. La demande qui pourra être intentée, soit en validité, soit en nullité des offres ou de la consignation, sera formée d'après les règles établies pour les demandes principales : si elle est incidente, elle le sera par requête.

816. Le jugement qui déclarera les offres valables, ordonnera, dans le cas où la consignation n'aurait pas encore eu lieu, que, faute par le créancier d'avoir reçu la somme ou la chose offerte, elle sera consignée ; il prononcera la cessation des intérêts, du jour de la réalisation.

817. La consignation volontaire ou ordonnée sera toujours à la charge des oppositions, s'il en existe, et en les dénonçant au créancier.

818. Le surplus est réglé par les dispositions du Code civil relatives aux offres de paiement et à la consignation (1).

CODE CIVIL.

(1) Art. 1257. « Lorsque le créancier refuse de recevoir son paiement, le débiteur peut lui faire des offres réelles, et au refus du créancier de les accepter, consigner la somme ou la chose offerte.

« Les offres réelles suivies d'une consignation libèrent le débiteur ; elles tiennent lieu à son égard de paiement, lorsqu'elles sont valablement faites, et la chose ainsi consignée demeure aux risques du créancier.

« Art. 1258. Pour que les offres réelles soient valables, il faut,

« 1.° Qu'elles soient faites au créancier ayant la capacité de recevoir, ou à celui qui a pouvoir de recevoir pour lui ;

« 2.° Qu'elles soient faites par une personne capable de payer ;

« 3.° Qu'elles soient de la totalité de la somme exigible, des arrérages ou intérêts dus, des frais liquidés, et d'une somme pour les frais non liquidés, sauf à la parfaire ;

« 4.° Que le terme soit échu, s'il a été stipulé en faveur du créancier ;

« 5.° Que la condition sous laquelle la dette a été contractée soit arrivée ;

« 6.° Que les offres soient faites au lieu dont on est convenu pour le paiement, et que, s'il n'y a pas de convention spéciale sur le lieu du paiement, elles soient faites ou à la personne du créancier, ou à son domicile, ou au domicile élu pour l'exécution de la convention ;

« 7.° Que les offres soient faites par un officier ministériel ayant caractère pour ces sortes d'actes.

« Art. 1259. Il n'est pas nécessaire pour la validité de la consignation, qu'elle ait été autorisée par le juge, il suffit,

« 1.° Qu'elle ait été précédée d'une sommation signifiée au créancier, et contenant l'indication du jour, de l'heure et du lieu où la chose offerte sera déposée ;

« 2.° Que le débiteur se soit dessaisi de la chose offerte, en la

TITRE II.

Du Droit des Propriétaires sur les meubles, effets et fruits de leurs Locataires et Fermiers, ou de la Saisie-gagerie et de la Saisie-arrêt sur Débiteurs forains.

819. Les propriétaires et principaux locataires de maisons ou biens ruraux, soit qu'il y ait bail, soit qu'il n'y en ait pas,

---

CODE CIVIL.

» remettant dans le dépôt indiqué par la loi pour recevoir les con-
» signations, avec les intérêts jusqu'au jour du dépot ;
« « 3.º Qu'il y ait eu procès-verbal dressé par l'officier ministériel, de
» la nature des espèces offertes, du refus qu'a fait le créancier de les
» recevoir ou de sa non-comparution, et enfin du dépôt ;
. « 4.º Qu'en cas de non-comparution de la part du créancier. le
» procès-verbal du dépôt lui ait été signifié avec sommation de retirer
» la chose déposée.

« Art. 1260. Les frais des offres réelles et de la consignation sont à la
» charge du créancier, si elles sont valables.

« Art. 1261. Tant que la consignation n'a point été acceptée par
» le créancier, le débiteur peut la retirer ; et s'il la retire, ses co-
» débiteurs ou ses cautions ne sont point libérés.

« Art. 1262. Lorsque le débiteur a lui-même obtenu un jugement
» passé en force de chose jugée, qui a déclaré ses offres et sa con-
» signation bonnes et valables, il ne peut plus, même du consentement
» du créancier, retirer sa consignation au préjudice de ses codébiteurs,
» ou de ses cautions.

« Art. 1263. Le créancier qui a consenti que le débiteur retirât sa
» consignation après qu'elle a été déclarée valable par un jugement qui
» a acquis force de chose jugée, ne peut plus, pour le paiement de sa
» créance, exercer les priviléges ou hypothèques qui y étaient attachés :
» il n'a plus d'hypothèque que du jour où l'acte par lequel il a consenti
» que la consignation fût retirée aura été revêtu des formes requises
» pour emporter l'hypothèque.

« Art. 1264. Si la chose due est un corps certain qui doit être livré
» au lieu où il se trouve ; le débiteur doit faire sommation au créancier
» de l'enlever, par acte notifié à sa personne ou à son domicile, ou au
» domicile élu pour l'exécution de la convention. Cette sommation faite,
» si le créancier n'enlève pas la chose, et que le débiteur ait besoin du
» lieu dans lequel la chose est placée, celui-ci pourra obtenir de la justice
» la permission de la mettre en dépôt dans quelque autre lieu. »

10 *

peuvent, un jour après le commandement, et sans permission du juge, faire saisir-gager, pour loyers et fermages échus, les effets et fruits étant dans lesdites maisons ou bâtimens ruraux, et sur les terres.

Ils peuvent même faire saisir-gager à l'instant, en vertu de la permission qu'ils en auront obtenue, sur requête, du président du tribunal de première instance.

Ils peuvent aussi saisir les meubles qui garnissaient la maison ou la ferme, lorsqu'ils ont été déplacés sans leur consentement ; et ils conservent sur eux leur privilége, pourvu qu'ils en aient fait la revendication, conformément à l'article 2102 du Code civil (1).

820. Peuvent les effets des sous-fermiers et sous-locataires, garnissant les lieux par eux occupés, et les fruits des terres qu'ils sous-louent, être saisis-gagés pour les loyers et fermages dus par le locataire ou fermier de qui ils tiennent ; mais ils obtiendront main-levée, en justifiant qu'ils ont payé sans fraude, et sans qu'ils puissent opposer des paiemens faits par anticipation.

821. La saisie-gagerie sera faite en la même forme que la saisie-exécution ; le saisi pourra être constitué gardien ; et s'il y a des fruits, elle sera faite dans la forme établie par le titre IX du livre précédent.

822. Tout créancier, même sans titre, peut, sans commandement préalable, mais avec permission du président du tribunal de première instance et même du juge de paix, faire saisir les effets trouvés en la commune qu'il habite, appartenant à son débiteur forain.

CODE CIVIL.

(1) Code civil, article 2102, dernier paragraphe.

« Le propriétaire peut saisir les meubles qui garnissent sa maison ou
» sa ferme, lorsqu'ils ont été déplacés sans son consentement, et il con-
» serve sur eux son privilége, pourvu qu'il ait fait la revendication ;
» savoir, lorsqu'il s'agit du mobilier qui garnissait une ferme, dans le
» délai de quarante jours, et dans celui de quinzaine, s'il s'agit des
» meubles garnissant une maison. »

823. Le saisissant sera gardien des effets, s'ils sont en ses mains; sinon, il sera établi un gardien.

824. Il ne pourra être procédé à la vente, sur les saisies énoncées au présent titre, qu'après qu'elles auront été déclarées valables : le saisi, dans le cas de l'article 821, le saisissant, dans le cas de l'article 820, ou le gardien, s'il en a été établi, seront condamnés par corps à la représentation des effets.

825. Seront, au surplus, observées les règles ci-devant prescrites pour la saisie-exécution, la vente et la distribution des deniers.

TITRE III.

De la Saisie-revendication.

826. Il ne pourra être procédé à aucune saisie-revendication, qu'en vertu d'ordonnance du président du tribunal de première instance, rendue sur requête, et ce à peine de dommages-intérêts, tant contre la partie que contre l'huissier qui aura procédé à la saisie.

827. Toute requête à fin de saisie-revendication désignera sommairement les effets.

828. Le juge pourra permettre la saisie-revendication, même les jours de fête légale.

829. Si celui chez lequel sont les effets qu'on veut revendiquer, refuse les portes ou s'oppose à la saisie, il en sera référé au juge; et cependant il sera sursis à la saisie, sauf au requérant à établir garnison aux portes.

830. La saisie-revendication sera faite en la même forme que la saisie-exécution, si ce n'est que celui chez qui elle est faite pourra être constitué gardien.

831. La demande en validité de la saisie sera portée devant le tribunal du domicile de celui sur qui elle est faite ; et s

elle est connexe à une instance déjà pendante, elle le sera au tribunal saisi de cette instance.

TITRE IV.

De la Surenchère sur Vente volontaire (1).

832. Les notifications et réquisitions prescrites par les articles 2185 et 2185 du Code civil, seront faites par un huissier

---

CODE · CIVIL.

(1) Art. 2183. « Si le nouveau propriétaire veut se garantir de l'effet
» des poursuites autorisées dans le chapitre VI (du titre XVIII du
» livre III du Code civil), ils est tenu, soit avant les poursuites, soit
» dans le mois, au plus tard, à compter de la première sommation qui
» lui est faite, de notifier aux créanciers, aux domiciles par eux élus
» dans leurs inscriptions,
» 1.º Extrait de son titre, contenant seulement la date et la qualité
» de l'acte, le nom et la désignation précise du vendeur ou du dona-
» teur, la nature et la situation de la chose vendue ou donnée ; et s'il
» s'agit d'un corps de biens, la dénomination générale seulement du do-
» maine et des arrondissemens dans lesquels il est situé, le prix et les
» charges faisant partie du prix de là vente, ou l'évaluation de la chose,
» si elle a été donnée ;
» 2.º Extrait de la transcription de l'acte de vente ;
» 3.º Un tableau sur trois colonnes, dont la première contiendra la
» date des hypothèques et celles des inscriptions ; la seconde, le nom des
» créanciers ; la troisième, le montant des créances inscrites.

» Art. 2184. » L'acquéreur ou le donataire déclarera, par le même
» acte, qu'il est prêt à acquitter sur-le-champ les dettes et charges hy-
» pothécaires, jusqu'à concurrence seulement du prix, sans distinction
» des dettes exigibles ou non exigibles.

» Art. 2185. » Lorsque le nouveau propriétaire a fait cette notifica-
» tion dans le délai fixé, tout créancier dont le titre est inscrit, peut re-
» quérir la mise de l'immeuble aux enchères et adjudications publiques ;
» à la charge,

» 1.º Que cette inscription sera signifiée au nouveau propriétaire,
» dans quarante jours, au plus tard, de la notification faite à la re-
» quête de ce dernier, en y ajoutant deux jours par cinq myriamètres
» de distance entre le domicile élu et le domicile réel de chaque créan-
» cier requérant ;

commis à cet effet, sur simple requête, par le président du tribunal de première instance de l'arrondissement où elles auront lieu ; elles contiendront constitution d'avoué par le tribunal où la surenchère et l'ordre devront être portés.

L'acte de réquisition de mise aux enchères contiendra, à peine de nullité de la surenchère, l'offre de la caution, avec assignation à trois jours devant le même tribunal, pour la réception de ladite caution, à laquelle il sera procédé sommairement.

833. Si la caution est rejetée, la surenchère sera déclarée nulle et l'acquéreur maintenu, à moins qu'il n'ait été fait d'autres surenchères par d'autres créanciers.

834. Les créanciers qui, ayant une hypothèque aux termes des articles 2123, 2127 et 2128 (1) du Code civil, n'auront pas

---

CODE CIVIL.

» 2.º Qu'il contiendra soumission du requérant de porter ou faire
» porter le prix à un dixième en sus de celui qui aura été stipulé dans
» le contrat, ou déclaré par le nouveau propriétaire ;
» 3.º Que la même signification sera faite dans le même délai au précédent propriétaire, débiteur principal ;
» 4.º Que l'original et les copies de ces exploits seront signés par le
» créancier requérant, ou par son fondé de procuration expresse, lequel
» en ce cas . est tenu de donner copie de sa procuration ;
» 5.º Qu'il suffira de donner caution, jusqu'à concurrence du prix et
» des charges ;
» Le tout à peine de nullité. »

(1) Art. 2123. « L'hypothèque judiciaire résulte des jugemens, soit
» contradictoires, soit par défaut, définitifs ou provisoires, en faveur de
» celui qui les a obtenus. Elle résulte des reconnaissances ou vérifica-
» tions, faites en jugement, des signatures apposées à un acte obliga-
» toire sous seing privé.

» Elle peut s'exercer sur les immeubles actuels du débiteur, et sur ceux
» qu'il pourra acquérir, sauf aussi les modifications qui seront ci-après
» exprimées.

» Les décisions arbitrales n'emportent hypothèque qu'autant qu'elles
» sont revêtues de l'ordonnance judiciaire d'exécution.

» L'hypothèque ne peut pareillement résulter des jugemens rendus en

fait inscrire leurs titres antérieurement aux aliénations qui seront faites à l'avenir des immeubles hypothéqués, ne seront reçus à requérir la mise aux enchères, conformément aux dispositions du chapitre VIII du titre XVIII du Code civil, qu'en justifiant de l'inscription qu'ils auront prise depuis l'acte translatif de propriété, et au plus tard dans la qninzaine de la transcription de cet acte.

Il en sera de même à l'égard des créanciers ayant privilége sur des immeubles, sans préjudice des autres droits résultant au vendeur et aux héritiers, des articles 2108 et 2109 du Code civil (1).

C O D E   C I V I L.

» pays étranger, qu'autant qu'ils ont été déclarés exécutoires par un » tribunal français, sans préjudice des dispositions contraires qui peuvent » être dans les lois politiques ou dans les traités.

» ART. 2127. » L'hypothèque conventionnelle ne peut être consentie » que par acte passé en forme authentique devant deux notaires, ou de-- » vant un notaire et deux témoins.

ART. 2128. » Les contrats passés en pays étrangers ne peuvent don- » ner hypothèque sur les biens de France, s'il n'y a des dispositions con - » traire à ce principe dans les lois politiques ou dans les traités.

(1) ART. 2108. « Le vendeur privilégié conseve son privilége par la » transcription du titre qui a transféré la propriété à l'acquéreur, et qui » constate que la totalité ou partie du prix lui est due ; à l'effet de quoi » la transcription du contrat faite par l'acquéreur vaudra inscription pour » le vendeur et pour le prêteur qui lui aura fourni les deniers payés, et » qui sera subrogé aux droits du vendeur par le même contrat : sera » néanmoins le conservateur des hypothèques tenu, sous peine de tous » dommages et intérêts envers les tiers, de faire d'office l'inscription sur » son registre, des créances résultant de l'acte translatif de propriété, » tant en faveur du vendeur qu'en faveur des prêteurs, qui pourront » aussi faire faire, si elle ne l'a été, la transcription du contrat de » vente, à l'effet d'acquérir l'inscription de ce qui leur est dû sur le » prix.

ART. 2109. « Le cohéritier ou copartageant conserve son privilége » sur les biens de chaque lot ou sur le bien licité, pour les soulte et » retour de lots, ou pour le prix de la licitation, par l'inscription » faite à sa diligence, dans soixante jours, à dater de l'acte de partage » ou de l'adjudication par licitation ; durant lequel temps aucune hypo- » thèque ne peut avoir lieu sur le bien chargé de soulte ou adjugé par » licitation, au préjudice du créancier de la soulte ou du prix. »

835. Dans le cas de l'article précédent, le nouveau propriétaire n'est pas tenu de faire aux créanciers dont l'inscription n'est pas antérieure à la transcription de l'acte, les significations prescrites par les articles 2183 et 2184 du Code civil; et, dans tous les cas, faute par les créanciers d'avoir requis la mise aux enchères dans le délai et les formes prescrites, le nouveau propriétaire n'est tenu que du paiement du prix, conformément à l'article 2186 du Code civil (1).

836. Pour parvenir à la revente sur enchère, prévue par l'article 2187 (2) du Code civil, le poursuivant fera apposer des placards indicatifs de la première publication, laquelle sera faite quinzaine après cette apposition.

837. Le procès-verbal d'apposition de placards sera notifié au nouveau propriétaire, si c'est le créancier qui poursuit, et au créancier surenchérisseur, si c'est l'acquéreur.

838. L'acte d'aliénation tiendra lieu de minute d'enchère.

Le prix porté dans l'acte tiendra lieu d'enchère.

CODE CIVIL.

(1) Art. 2186. « A défaut par le créancier d'avoir requis la mise aux
» enchères dans le délai et les formes prescrits, la valeur de l'immeuble
» demeure définitivement fixée aux prix stipulé dans le contrat ou déclaré
» par le nouveau propriétaire, lequel est, en conséquence, libéré de
» tout privilége et hypothèque, en payant ledit prix aux créanciers qui
» seront en ordre de recevoir, ou en le consignant. »

(2) Art. 2187. « En cas de revente sur enchères, elle aura lieu
» suivant les formes établies pour les expropriations forcées, à la dili-
» gence, soit du créancier qui l'aura requise, soit du nouveau pro-
» priétaire.

« Le poursuivant énoncera dans les affiches le prix stipulé dans le
» contrat ou déclaré, et la somme en sus à laquelle le créancier s'est
» obligé de la porter ou faire porter. »

TITRE V.

Des Voies à prendre pour avoir expédition ou copie d'un Acte, ou pour le faire réformer.

839. Le notaire ou autre dépositaire qui refusera de délivrer expédition ou copie d'un acte aux parties intéressées en nom direct, héritiers ou ayans-droit, y sera condamné, et par corps, sur assignation à bref délai, donnée en vertu de permission du président du tribunal de première instance, sans préliminaire de conciliation.

840. L'affaire sera jugée sommairement, et le jugement exécuté, nonobstant opposition ou appel.

841. La partie qui voudra obtenir copie d'un acte non enregistré, ou même resté imparfait, présentera sa requête au président du tribunal de première instance, sauf l'exécution des lois et règlemens relatifs à l'enregistrement.

842. La délivrance sera faite, s'il y a lieu, en exécution de l'ordonnance mise ensuite de la requête, et il en sera fait mention au bas de la copie délivrée.

843. En cas de refus de la part du notaire ou dépositaire, il en sera référé au président du tribunal de première instance.

844. La partie qui voudra se faire délivrer une seconde grosse, soit d'une minute d'acte, soit par forme d'ampliation sur une grosse déposée, présentera, à cet effet, requête au président du tribunal de première instance : en vertu de l'ordonnance qui interviendra, elle fera sommation au notaire pour faire la délivrance à jour et heure indiqués, et aux parties intéressées, pour y être présentes ; mention sera faite de cette ordonnance au bas de la seconde grosse, ainsi que de la somme pour laquelle on pourra exécuter, si la créance est acquittée ou cédée en partie.

845. En cas de contestation, les parties se pourvoiront en référé.

846. Celui qui, dans le cours d'une instance, voudra se faire délivrer expédition ou extrait d'un acte dans lequel il n'aura pas été partie, se pourvoira ainsi qu'il va être réglé.

847. La demande à fin de compulsoire, sera formée par requête d'avoué à avoué : elle sera portée à l'audience sur un simple acte, et jugée sommairement sans aucune procédure.

848. Le jugement sera exécutoire, nonobstant appel et opposition.

849. Les procès-verbaux de compulsoire ou collation seront dressés et l'expédition ou copie délivrée par le notaire ou dépositaire, à moins que le tribunal qui l'aura ordonné n'ait commis un de ses membres ou tout autre juge de tribunal de première instance, ou un autre notaire.

850. Dans tous les cas, les parties pourront assister au procès-verbal, et y insérer tels dires qu'elles aviseront.

851. Si les frais et déboursés de la minute de l'acte sont dus au dépositaire, il pourra refuser expédition tant qu'il ne sera pas payé desdits frais, outre ceux d'expédition.

852. Les parties pourront collationner l'expédition ou copie à la minute, dont lecture sera faite par le dépositaire : si elles prétendent qu'elles ne sont pas conformes, il en sera référé à jour indiqué par le procès-verbal au président du tribunal, lequel fera la collation ; à cet effet, le dépositaire sera tenu d'apporter la minute.

Les frais du procès-verbal, ainsi que ceux du transport du dépositaire, seront avancés par le requérant.

853. Les greffiers et dépositaires des registres publics en délivreront, sans ordonnance de justice, expédition, copie ou extrait à tous requérans, à la charge de leurs droits, à peine de dépens, dommages et intérêts.

854. Une seconde expédition exécutoire d'un jugement ne sera délivrée à la même partie qu'en vertu d'ordonnance du président du tribunal où il aura été rendu.

Seront observées les formalités prescrites pour la délivrance des secondes grosses des actes devant notaires.

855. Celui qui voudra faire ordonner la rectification d'un acte de l'état civil, présentera requête au président du tribunal de première instance.

856. Il y sera statué sur rapport, et sur les conclusions du ministère public. Les juges ordonneront, s'ils l'estiment convenable, que les parties intéressées seront appelées, et que le conseil de famille sera préalablement convoqué.

S'il y a lieu d'appeler les parties intéressées, la demande sera formée par exploit, sans préliminaire de conciliation.

Elle le sera par acte d'avoué, si les parties sont en instance.

857. Aucune rectification, aucun changement ne pourront être faits sur l'acte ; mais les jugemens de rectification seront inscrits sur les registres par l'officier de l'état civil, aussitôt qu'ils lui auront été remis ; mention en sera faite en marge de l'acte réformé, et l'acte ne sera plus délivré qu'avec les rectifications ordonnées, à peine de tous dommages-intérêts contre l'officier qui l'aurait délivré.

858. Dans le cas où il n'y aurait d'autre partie que le demandeur en rectification et où il croirait avoir à se plaindre du jugement, il pourra, dans les trois mois, depuis la date de ce jugement, se pourvoir à la Cour d'appel, en présentant au président une requête sur laquelle sera indiqué un jour auquel il sera statué à l'audience sur les conclusions du ministère public.

TITRE VI.

De quelques dispositions relatives à l'Envoi en possession des biens d'un Absent (1).

859. Dans le cas prévu par l'article 112 du Code civil, et pour y faire statuer, il sera présenté requête au président du

---

CODE CIVIL.

(1) Art. 112. « S'il y a nécessité de pourvoir à l'administration de
» tout ou partie des biens laissés par une personne présumée absente,
» et qui n'a point de procureur fondé, il y sera statué par le tribunal
» de première instance, sur la demande des parties intéressées.

Art. 113. « Le tribunal, à la requête de la partie la plus diligente,
» commettra un notaire pour représenter les présumés absens, dans les
» inventaires, comptes, partages et liquidations dans lesquels ils seront
» intéressés.

Art. 114. « Le ministère public est spécialement chargé de veiller
» aux intérêts des personnes présumées absentes ; et il sera entendu sur
» toutes les demandes qui les concernent.

Art. 115. « Lorsqu'une personne aura cessé de paraître au lieu de
» son domicile, ou de sa résidence, et que depuis quatre ans on n'en
» aura point eu de nouvelles, les parties intéressées pourront se pourvoir
» devant le tribunal de première instance, afin que l'absence soit
» déclarée.

Art. 116. « Pour constater l'absence, le tribunal, d'après les pièces
» et documens produits, ordonnera qu'une enquête soit faite contradic-
» toirement avec le commissaire du Gouvernement, dans l'arrondissement
» du domicile, et dans celui de la résidence, s'ils sont distincts l'un de
» l'autre.

Art. 117. « Le tribunal, en statuant sur la demande, aura d'ailleurs
» égard aux motifs de l'absence, et aux causes qui ont pu empêcher
» d'avoir des nouvelles de l'individu présumé absent.

Art. 118. « Le commissaire du Gouvernement enverra, aussitôt qu'ils
» seront rendus, les jugemens tant préparatoires que définitifs, au grand-
» juge ministre de la justice, qui les rendra publics.

Art. 119. « Le jugement de déclaration d'absence ne sera rendu
» qu'un an après le jugement qui aura ordonné l'enquête.

tribunal. Sur cette requête, à laquelle seront joints les pièces
et documens, le président commettra un juge pour faire le
rapport au jour indiqué, et ce jugement sera prononcé après
avoir entendu le procureur impérial.

860. Il sera procédé de même dans le cas où il s'agi-
rait de l'envoi en possession provisoire autorisé par l'article 120 du Code civil.

TITRE VII.

Autorisation de la Femme mariée.

861. La femme qui voudra se faire autoriser à la poursuite de ses droits, après avoir fait une sommation à son
mari, et sur le refus par lui fait, présentera requête au président, qui rendra ordonnance portant permission de citer le
mari, à jour indiqué, à la chambre du conseil, pour déduire
les causes de son refus.

862. Le mari entendu, ou faute par lui de se présenter, il
sera rendu, sur les conclusions du ministère public, jugement
qui statuera sur la demande de la femme.

863. Dans le cas de l'absence présumée du mari, ou lorsqu'elle aura été déclarée, la femme qui voudra se faire autoriser à la poursuite de ses droits, présentera également requête au président du tribunal, qui ordonnera la communication au ministère public, et commettra un juge pour faire son
rapport à jour indiqué.

864. La femme de l'interdit se fera autoriser en la forme

CODE CIVIL.

Art. 120. « Dans les cas où l'absent n'aurait point laissé de procura-
» tion pour l'administration de ses biens, ses héritiers présomptifs au
» jour de sa disparition ou de ses dernières nouvelles, pourront, en
» vertu du jugement définitif qui aura déclaré l'absence, se faire en-
» voyer en possession provisoire des biens qui appartenaient à l'absent
» au jour de son départ ou de ses dernières nouvelles, à là charge de
» donner caution pour la sureté de leur administration.

prescrite par l'article précédent; elle joindra à sa requête le jugement d'interdiction.

TITRE VIII.

Des Séparations de biens.

865. Aucune demande en séparation de biens ne pourra être formée sans une autorisation préalable, que le président du tribunal devra donner sur la requête qui lui sera présentée à cet effet. Pourra néanmoins le président, avant de donner l'autorisation, faire les observations qui lui paraîtront convenables.

866. Le greffier du tribunal inscrira, sans délai, dans un tableau placé à cet effet dans l'auditoire, un extrait de la demande en séparation, lequel contiendra,

1.º La date de la demande;

2.º Les noms, prénoms, profession et demeure des époux;

3.º Les noms et demeure de l'avoué constitué, qui sera tenu de remettre, à cet effet, ledit extrait au greffier, dans les trois jours de la demande.

867. Pareil extrait sera inséré dans les tableaux placés, à cet effet, dans l'auditoire du tribunal de commerce, dans les chambres d'avoués de première instance et dans celles de notaires, le tout dans les lieux où il y en a : lesdites insertions seront certifiées par les greffiers et par les secrétaires des chambres.

868. Le même extrait sera inséré, à la poursuite de la femme, dans l'un des journaux qui s'impriment dans le lieu où siége le tribunal; et s'il n'y en a pas, dans l'un de ceux établis dans le département, s'il y en a.

Ladite insertion sera justifiée, ainsi qu'il est dit au titre *de la Saisie immobilière,* article 683.

869. Il ne pourra être, sauf les actes conservatoires, prononcé, sur la demande en séparation, aucun jugement qu'un

mois après l'observation des formalités ci-dessus prescrites, et qui seront observées, à peine de nullité; laquelle pourra être opposée par le mari ou par ses créanciers.

870. L'aveu du mari ne fera pas preuve, lors même qu'il n'y aurait pas de créanciers.

871. Les créanciers du mari pourront, jusqu'au jugement définitif, sommer l'avoué de la femme, par acte d'avoué à avoué, de leur communiquer la demande en séparation et les pièces justificatives, même intervenir pour la conservation de leurs droits, sans préliminaire de conciliation.

872. Le jugement de séparation sera lu publiquement, l'audience tenante, au tribunal de commerce du lieu, s'il y en a: extrait de ce jugement, contenant la date, la désignation du tribunal où il a été rendu, les noms, prénoms, profession et demeure des époux, sera inséré sur un tableau à ce destiné et exposé pendant un an, dans l'auditoire des tribunaux de première instance et de commerce, du domicile du mari, même lorsqu'il ne sera pas négociant; et s'il n'y a pas de tribunal de commerce, dans la principale salle de la maison commune du domicile du mari. Pareil extrait sera inséré au tableau exposé en la chambre des avoués et notaires, s'il y en a; la femme ne pourra commencer l'exécution du jugement que du jour où les formalités ci-dessus auront été remplies, sans que néanmoins il soit nécessaire d'attendre l'expiration du susdit délai d'un an.

Le tout, sans préjudice des dispositions portées en l'art. 1445 du Code civil.

873. Si les formalités prescrites au présent titre ont été observées, les créanciers du mari ne seront plus reçus, après l'expiration du délai dont il s'agit dans l'article précédent, à se pourvoir par tierce opposition contre le jugement de séparation.

874. La renonciation de la femme à la communauté sera faite au tribunal saisi de la demande en séparation.

TITRE IX,

TITRE IX.

De la Séparation de corps, et du Divorce.

875. L'époux qui voudra se pourvoir en séparation de corps, sera tenu de présenter au président du tribunal de son domicile, requête contenant sommairement les faits; il y joindra les pièces à l'appui, s'il y en a.

876. La requête sera répondue d'une ordonnance portant que les parties comparaîtront devant le président au jour qui sera indiqué par ladite ordonnance.

877. Les parties seront tenues de comparaître en personne, sans pouvoir se faire assister d'avoués ni de conseils.

878. Le président fera aux deux époux les représentations qu'il croira propres à opérer un rapprochement; s'il ne peut y parvenir, il rendra ensuite de la première ordonnance, une seconde portant, qu'attendu qu'il n'a pu concilier les parties, il les renvoie à se pourvoir, sans citation préalable au bureau de conciliation : il autorisera par la même ordonnance la femme à procéder sur la demande, et à se retirer provisoirement dans telle maison dont les parties seront convenues, ou qu'il indiquera d'office; il ordonnera que les effets à l'usage journalier de la femme lui seront remis. Les demandes en provision seront portées à l'audience.

879. La cause sera instruite dans les formes établies pour les autres demandes, et jugée sur les conclusions du ministère public (1).

880. Extrait du jugement qui prononcera la séparation, sera inséré aux tableaux exposés tant dans l'auditoire des tribunaux

---

CODE CIVIL.

(1) Art. 307. « Elle (*la demande en séparation de corps*) sera » intentée, instruite et jugée de la même manière que toute autre » action civile : elle ne pourra avoir lieu par le consentement mutuel » des époux.

Procédure civile Texte.   11

que dans les chambres d'avoués et notaires, ainsi qu'il est dit article 872.

881. A l'égard du divorce, il sera procédé comme il est prescrit au Code civil.

TITRE X.

Des Avis de parens (1).

882. Lorsque la nomination d'un tuteur n'aura pas été faite en sa présence, elle lui sera notifiée, à la diligence du membre

---

CODE CIVIL.

(1) Art. 405. « Lorsqu'un enfant mineur et non émancipé restera
» sans père ni mère, ni tuteur élu par ses père ou mère, ni ascendans
» mâles, comme aussi lorsque le tuteur de l'une des qualités ci - dessus
» exprimées se trouvera ou dans le cas des exclusions dont il sera parlé
» ci-après, ou valablement excusé, il sera pourvu, par un conseil de
» famille, à la nomination d'un tuteur.

Art. 406. « Ce conseil sera convoqué, soit sur la réquisition et à la
» diligence des parens du mineur, de ses créanciers ou d'autres parties
» intéressées, soit même d'office et à la poursuite du juge de paix du
» domicile du mineur. Toute personne pourra dénoncer à ce juge de
» paix le fait qui donnera lieu à la nomination d'un tuteur.

Art. 407. « Le conseil de famille sera composé, non compris le juge
» de paix, de six parens ou alliés, pris tant dans la commune où la
» tutelle sera ouverte que dans la distance de deux myriamètres, moitié
» du côté paternel, moitié du côté maternel, et en suivant l'ordre de
» proximité dans chaque ligne.

» Le parent sera préféré à l'allié du même degré ; et, parmi les parens
» de même degré, le plus âgé, à celui qui le sera le moins. »

Art. 408. « Les frères germains du mineur et les maris des sœurs ger-
» maines sont seuls exceptés de la limitation de nombre posée en l'article
» précédent.

» S'ils sont six, ou au-delà, ils seront tous membres du conseil de
» famille, qu'ils composeront seuls, avec les veuves d'ascendans et les
» ascendans valablement excusés, s'il y en a.

» S'ils sont en nombre inférieur, les autres parens ne seront appelés
» que pour compléter le conseil. »

de l'assemblée qui aura été désigné par elle : ladite notification
sera faite dans les trois jours de la délibération, outre un jour

---

CODE CIVIL.

Art. 409. « Lorsque les parens ou alliés de l'une ou de l'autre ligne
» se trouveront en nombre insuffisant sur les lieux, ou dans la distance
» désignée par l'article 407, le juge de paix appellera, soit des parens
» ou alliés domiciliés à de plus grandes distances, soit dans la commune
» même des citoyens connus pour avoir eu des relations habituelles
» d'amitié avec le père ou la mère du mineur. »

Art. 410. « Le juge de paix pourra, lors même qu'il y aurait sur les
» lieux un nombre suffisant de parens ou alliés, permettre de citer, à
» quelque distance qu'ils soient domiciliés, des parens ou alliés plus
» proches en degrés ou de mêmes degrés que les parens ou alliés
» présens; de manière toutefois que cela s'opère en retranchant quel-
» ques-uns de ces derniers, et sans excéder le nombre réglé par les
» précédens articles. »

Art. 411. « Le délai pour comparaître sera réglé par le juge de paix à
» jour fixe, mais de manière qu'il y ait toujours, entre la citation no-
» tifiée et le jour indiqué pour la réunion du conseil, un intervalle de
» trois jours au moins, quand toutes les parties citées résideront dans la
» commune, ou dans la distance de deux myriamètres.

 - » Toutes les fois que, parmi les parties citées, il s'en trouvera de do-
» miciliées au-delà de cette distance, le délai sera augmenté d'un jour
» par trois myriamètres. »

Art. 412. « Les parens, alliés ou amis, ainsi convoqués, seront te-
» nus de se rendre en personne, ou de se faire représenter par un man-
» dataire spécial.

 » Le fondé de pouvoir ne peut représenter plus d'une personne.

Art. 413. « Tout parent, allié ou ami, convoqué, et qui, sans ex-
» cuse légitime, ne comparaîtra point, encourra une amende qui ne
» pourra excéder cinquante francs, et sera prononcée sans appel par le
» juge de paix »

Art. 414. « S'il y a excuse suffisante, et qu'il convienne, soit d'at-
» tendre le membre absent, soit de le remplacer; en ce cas, comme en
» tout autre où l'intérêt du mineur semblera l'exiger, le juge de paix
» pourra ajourner l'assemblée ou la proroger. »

Art. 415. « Cette assemblée se tiendra de plein droit chez le juge de
» paix, à moins qu'il ne désigne lui-même un autre local. La présence
» des trois quarts au moins de ses membres convoqués, sera nécessai
» pour qu'elle délibère »

par trois myriamètres de distance entre le lieu où s'est tenue l'assemblée et le domicile du tuteur.

883. Toutes les fois que les délibérations du conseil de famille ne seront pas unanimes, l'avis de chacun des membres qui la composent sera mentionné dans le procès-verbal.

Les tuteur, subrogé tuteur ou curateur, même les membres de l'assemblée, pourront se pourvoir contre la délibération ; ils formeront leur demande contre les membres qui auront été d'avis de la délibération, sans qu'il soit nécessaire d'appeler en conciliation.

884. La cause sera jugée sommairement.

885. Dans tous les cas où il s'agit d'une délibération sujette à homologation, une expédition de la délibération sera présentée au président, lequel, par ordonnance au bas de ladite délibération, ordonnera la communication au ministère public, et commettra un juge pour en faire le rapport au jour indiqué.

886. Le procureur impérial donnera ses conclusions au bas de ladite ordonnance ; la minute du jugement d'homologation sera mise à la suite desdites conclusions, sur le même cahier.

887. Si le tuteur, ou autre chargé de poursuivre l'homologation, ne le fait dans le délai fixé par la délibération, ou, à défaut de fixation, dans le délai de quinzaine, un des membres de l'assemblée pourra poursuivre l'homologation contre le tuteur, et aux frais de celui-ci, sans répétition.

888. Ceux des membres de l'assemblée qui croiront devoir s'opposer à l'homologation, le déclareront, par acte extra-

---

CODE CIVIL.

Art. 416. « Le conseil de famille sera présidé par le juge de paix, » qui y aura voix délibérative, et prépondérante en cas de partage. »

Art. 417. « Quand le mineur, domicilié en France, possédera des » biens dans les colonies, ou réciproquement, l'administration spé-» ciale de ses biens sera donnée à un protuteur.

» En ce cas, le tuteur et le protuteur seront indépendans, et non » responsables l'un envers l'autre pour leur gestion respective. »

judiciaire, à celui qui est chargé de la poursuivre ; et s'ils n'ont pas été appelés, ils pourront former opposition au jugement.

889. Les jugemens rendus sur délibération du conseil de famille, seront sujets à l'appel (1).

TITRE XI.

De l'Interdiction (2).

890. Dans toute poursuite d'interdiction, les faits d'imbécillité, de démence ou de fureur, seront énoncés en la requête

---

CODE CIVIL.

(1) Art. 446. « Toutes les fois qu'il y aura lieu à une destitution de
» tuteur, elle sera prononcée par le conseil de famille, convoqué à la di-
» ligence du subrogé tuteur, ou d'office par le juge de paix.

» Celui-ci ne pourra se dispenser de faire cette convocation, quand
» elle sera formellement requise par un ou plusieurs parens ou alliés du
» mineur, au degré de cousin germain ou à des degrés plus proches. »

Art. 447. « Toute délibération du conseil de famille qui prononcera
» l'exclusion ou la destitution du tuteur, sera motivée, et ne pourra être
» prise qu'après avoir entendu ou appelé le tuteur. »

Art. 448. « Si le tuteur adhère à la délibération, il en sera fait
» mention, et le nouveau tuteur entrera aussitôt en fonctions.

» S'il y a réclamation, le subrogé tuteur poursuivra l'homologation de
» la délibération devant le tribunal de première instance, qui pronon-
» cera sauf l'appel.

» Le tuteur exclu ou destitué peut lui-même, en ce cas, assigner le
» subrogé-tuteur pour se faire déclarer maintenu en la tutelle.

Art. 449. « Les parens ou alliés qui auront requis la convocation,
» pourront intervenir dans la cause, qui sera instruite et jugée comme
» affaire urgente. »

(2) Art. 489. « Le majeur qui est dans un état habituel d'imbé-
» cillité, de démence ou de fureur, doit être interdit, même lorsque cet
» état présente des intervalles lucides. »

Art. 490. « Tout parent est recevable à provoquer l'interdiction de
» son parent. Il en est de même de l'un des époux à l'égard de l'autre. »

présentée au président du tribunal; on y joindra les pièces justificatives, et l'on indiquera les témoins.

CODE CIVIL.

Art. 491. « Dans le cas de fureur, si l'interdiction n'est provoquée ni
» par l'époux ni par les parens, elle doit l'être par le commissaire du
» Gouvernement, qui, dans le cas d'imbécillité ou de démence, peut
» aussi la provoquer contre un individu qui n'a ni époux, ni épouse, ni
» parens connus. »

Art. 492. « Toute demande en interdiction sera portée devant le tri-
» bunal de première instance. »

Art. 493. « Les faits d'imbécillité, de démence, ou de fureur, seront
» articulés par écrit. Ceux qui poursuivront l'interdiction, présenteront
» les témoins et les pièces. »

Art. 494. « Le tribunal ordonnera que le conseil de famille, formé
» selon le mode déterminé à la section IV du chapitre II du titre *de la*
» *Minorité, de la Tutelle et de l'Emancipation*, donne son avis sur
» l'état de la personne dont l'interdiction est demandée. »

Art. 495. « Ceux qui auront provoqué l'interdiction, ne pourront
» faire partie du conseil de famille : cependant l'époux, ou l'épouse, et
» les enfans de la personne dont l'interdiction sera provoquée, pourront
» y être admis sans y avoir voix délibérative. »

Art. 496. « Après avoir reçu l'avis du conseil de famille, le tribunal
» interrogera le défendeur à la chambre du conseil : s'il ne peut s'y pré-
» senter, il sera interrogé dans sa demeure, par l'un des juges à ce
» commis, assisté du greffier. Dans tous les cas, le commissaire du Gou-
» vernement sera présent à l'interrogatoire. »

Art. 497. « Après le premier interrogatoire, le tribunal commettra,
» s'il y a lieu, un administrateur provisoire, pour prendre soin de la per-
» sonne et des biens du défendeur. »

Art. 498. « Le jugement sur une demande en interdiction, ne pourra
» être rendu qu'à l'audience publique, les parties entendues ou
» appelées. »

Art. 499. « En rejetant la demande en interdiction, le tribunal
» pourra néanmoins, si les circonstances l'exigent, ordonner que le dé-
» fendeur ne pourra désormais plaider, transiger, emprunter, recevoir
» un capital mobilier, ni en donner décharge, aliéner, ni grever ses
» biens d'hypothèques, sans l'assistance d'un conseil qui lui sera nommé
» par le même jugement. »

Art. 500. « En cas d'appel du jugement rendu en première instance,
» le tribunal d'appel pourra, s'il le juge nécessaire, interroger de nou-

891. Le président du tribunal ordonnera la communication de la requête au ministère public, et commettra un juge pour faire rapport à jour indiqué.

892. Sur le rapport du juge et les conclusions du procureur impérial, le tribunal ordonnera que le conseil de famille, formé selon le mode déterminé par le Code civil, section IV du chapitre II, au titre *de la Minorité, de la Tutelle et de l'Émancipation*, donnera son avis sur l'état de la personne dont l'interdiction est demandée.

893. La requête et l'avis du conseil de famille seront signifiés au défendeur avant qu'il soit procédé à son interrogatoire.

Si l'interrogatoire et les pièces produites sont insuffisans, et si les faits peuvent être justifiés par témoins, le tribunal ordonnera, s'il y a lieu, l'enquête, qui se fera en la forme ordinaire.

Il pourra ordonner, si les circonstances l'exigent, que l'enquête sera faite hors de la présence du défendeur; mais dans ce cas son conseil pourra le représenter.

894. L'appel interjeté par celui dont l'interdiction aura été prononcée, sera dirigé contre le provoquant.

L'appel interjeté par le provoquant, ou par un des membres de l'assemblée, le sera contre celui dont l'interdiction aura été provoquée.

En cas de nomination de conseil, l'appel de celui auquel il aura été donné, sera dirigé contre le provoquant.

CODE CIVIL.

» veau, ou faire interroger par un commissaire, la personne dont l'in-
» terdiction est demandée. »

ART. 501. « Tout jugement portant interdiction ou nomination d'un
» conseil, sera, à la diligence des demandeurs, levé, signifié à partie
» et inscrit, dans les dix jours, sur les tableaux qui doivent être affichés
» dans la salle de l'auditoire et dans les études des notaires de
» l'arrondissement. »

895. S'il n'y a pas d'appel du jugement d'interdiction, ou s'il est confirmé sur l'appel, il sera pourvu à la nomination d'un tuteur et d'un subrogé tuteur à l'interdit, suivant les règles prescrites au titre *des Avis de parens.*

L'administrateur provisoire nommé en exécution de l'article 497 du Code civil, cessera ses fonctions, et rendra compte au tuteur, s'il ne l'est pas lui-même.

896. La demande en main-levée d'interdiction sera instruite et jugée dans la même forme que l'interdiction.

897. Le jugement qui prononcera défenses de plaider, transiger, emprunter, recevoir un capital mobilier, en donner décharge, aliéner ou hypothéquer sans assistance de conseil, sera affiché dans la forme prescrite par l'article 501 du Code civil.

TITRE XII.

Du Bénéfice de cession.

898. Les débiteurs qui seront dans le cas de réclamer la cession judiciaire accordée par l'article 1268 du Code civil, seront tenus, à cet effet, de déposer au greffe du tribunal où la demande sera portée, leur bilan, leurs livres, s'ils en ont, et leurs titres actifs.

899. Le débiteur se pourvoira devant le tribunal de son premier domicile.

900. La demande sera communiquée au ministère public; elle ne suspendra l'effet d'aucune poursuitte, sauf aux juges à ordonner, parties appelées, qu'il sera sursis provisoirement.

901. Le débiteur admis au bénéfice de cession sera tenu de réitérer sa cession en personne, et non par procureur, ses créanciers appelés, à l'audience du tribunal de commerce de son domicile; et s'il n'y en a pas, à la maison commune, un jour de séance : la déclaration du débiteur

sera constatée, dans ce dernier cas, par procès-verbal de l'huissier, qui sera signé par le maire.

902. Si le débiteur est détenu, le jugement qui l'admettra au bénéfice de cession, ordonnera son extraction, avec les précautions en tel cas requises et accoutumées, à l'effet de faire sa déclaration conformément à l'article précédent.

903. Les noms, prénoms, profession et demeure du débiteur, seront insérés dans un tableau public à ce destiné, placé dans l'auditoire du tribunal de commerce de son domicile, ou du tribunal de première-instance qui en fait les fonctions, et dans le lieu des séances de la maison commune.

904. Le jugement qui admettra au bénéfice de cession vaudra pouvoir aux créanciers, à l'effet de faire vendre les biens meubles et immeubles du débiteur ; et il sera procédé à cette vente dans les formes prescrites pour les héritiers sous bénéfice d'inventaire.

905. Ne pourront être admis au bénéfice de cession, les étrangers, les stellionataires, les banqueroutiers frauduleux, les personnes condamnées pour cause de vol ou d'escroquerie, ni les personnes comptables, tuteurs, administrateurs et dépositaires.

906. Il n'est au surplus rien préjugé par les dispositions du présent titre, à l'égard du commerce, aux usages duquel il n'est, quant à présent, rien innové.

LIVRE II.

PROCÉDURES RELATIVES A L'OUVERTURE D'UNE SUCCESSION.

TITRE I.ᵉʳ

De l'Apposition des Scellés après décès.

ART. 907.

Lorsqu'il y aura lieu à l'apposition des scellés après décès, elle sera faite par les juges de paix, et à leur défaut par leurs suppléans.

908. Les juges de paix et leurs suppléans se serviront d'un sceau particulier, qui restera entre leurs mains, et dont l'empreinte sera déposée au greffe du tribunal de première instance.

909. L'apposition des scellés pourra être requise,

1.° Par tous ceux qui prétendront droit dans la succession ou dans la communauté;

2.° Par tous créanciers fondés en titre exécutoire, ou autorisés par une permission, soit du tribunal de première instance, soit du juge de paix du canton où le scellé doit être apposé;

3.° Et en cas d'absence, soit du conjoint, soit des héritiers, ou de l'un d'eux, par les personnes qui demeuraient avec le défunt, et par ses serviteurs et domestiques.

910. Les prétendans droit et les créanciers, mineurs émancipés, pourront requérir l'apposition des scellés sans l'assistance de leur curateur.

S'ils sont mineurs non émancipés, et s'ils n'ont pas de tuteur, ou s'il est absent, elle pourra être requise par un de leurs parens.

911. Le scellé sera apposé soit à la diligence du ministère public, soit sur la déclaration du maire ou adjoint de la commune, et même d'office par le juge de paix,

1.° Si le mineur est sans tuteur, et que le scellé ne soit pas requis par un parent;

2.° Si le conjoint, ou si les héritiers ou l'un d'eux sont absens;

3.° Si le défunt était dépositaire public; au quel cas le scellé ne sera apposé que pour raison de ce dépôt, et sur les objets qui le composent.

912. Le scellé ne pourra être apposé que par le juge de paix des lieux ou par ses suppléans.

913. Si le scellé n'a pas été apposé avant l'inhumation, le juge constatera, par son procès-verbal, le moment où il a été requis de l'apposer, et les causes qui ont retardé soit la réquisition soit l'apposition.

914. Le procès-verbal d'apposition contiendra,

1.° La date des an, mois, jour et heure;

2.° Les motifs de l'apposition;

3.° Les noms, profession et demeure du requérant, s'il y e a, et son élection de domicile dans la commune où le scellé est apposé, s'il n'y demeure;

4.° S'il n'y a pas de partie requérante, le procès-verbal énoncera que le scellé a été apposé d'office ou sur le réquisitoire ou sur la déclaration de l'un des fonctionnaires dé-nommés dans l'article 911;

5.° L'ordonnance qui permet le scellé, s'il en a été rendu;

6.° Les comparutions et dires des parties;

7.° La désignation des lieux, bureaux, coffres, armoires, sur les ouvertures desquels le scellé a été apposé;

8.° Une description sommaire des effets qui ne sont pas mis sous les scellés ;

9.° Le serment, lors de la clôture de l'apposition, par ceux qui demeurent dans le lieu, qu'ils n'ont rien détourné, vu ni su qu'il ait été rien détourné directement ni indirectement;

10.° L'établissement du gardien présenté, s'il a les qualités requises, sauf, s'il ne les a pas, ou s'il n'en est pas présenté, à en établir un d'office par le juge de paix.

915. Les clefs des serrures sur lesquelles le scellé a été apposé, resteront, jusqu'à sa levée, entre les mains du greffier de la justice de paix, lequel fera mention, sur le procès-verbal, de la remise qui lui en aura été faite; et ne pourront le juge ni le greffier, aller jusqu'à la levée, dans la maison où est le scellé, à peine d'interdiction, à moins qu'ils n'en soient requis, ou que leur transport n'ait été précédé d'une ordonnance motivée.

916. Si, lors de l'apposition, il est trouvé un testament ou autres papiers cachetés, le juge de paix en constatera la forme extérieure, le sceau et la suscription, s'il y en a; paraphera l'enveloppe avec les parties présentes, si elles le savent ou le peuvent, et indiquera les jour et heure où le paquet sera par lui présenté au président du tribunal de première instance; il fera mention du tout sur son procès-verbal, lequel sera signé des parties, sinon mention sera faite de leur refus.

917. Sur la réquisition de toute partie intéressée, le juge de paix fera, avant l'apposition du scellé, la perquisition du testament dont l'existence sera annoncée; et s'il le trouve, il procédera ainsi qu'il est dit ci-dessus.

918. Aux jour et heure indiqués, sans qu'il soit besoin d'aucune assignation, les paquets trouvés cachetés seront présentés par le juge de paix au président du tribunal de première instance, lequel en fera l'ouverture, en constatera l'état, et en ordonnera le dépôt si le contenu concerne la succession.

919. Si les paquets cachetés paraissent, par leur suscription, ou par quelque autre preuve écrite, appartenir à des

tiers, le président du tribunal ordonnera que ces tiers seront appelés dans un délai qu'il fixera, pour qu'ils puissent assister à l'ouverture : il la fera au jour indiqué, en leur présence, ou à leur défaut; et si les paquets sont étrangers à la succession, il les leur remettra sans en faire connaître le contenu, ou les cachetera de nouveau pour leur être remis à leur première réquisition.

920. Si un testament est trouvé ouvert, le juge de paix en constatera l'état, et observera ce qui est prescrit en l'art. 916.

921. Si les portes sont fermées, s'il se rencontre des obstacles à l'apposition des scellés, s'il s'élève, soit avant, soit pendant e scellé, des difficultés, il y sera statué en référé par le président du tribunal. A cet effet, il sera sursis, et établi par le juge de paix garnison extérieure, même intérieure, si le cas y échoit ; et il en référera sur-le-champ au président du tribunal.

Pourra néanmoins le juge de paix, s'il y a péril dans le retard, statuer par provision, sauf à en référer ensuite au président du tribunal.

922. Dans tous les cas où il sera référé par le juge de paix au président du tribunal, soit en matière de scellé, soit en autre matière, ce qui sera fait et ordonné sera constaté sur le procès-verbal dressé par le juge de paix; le président signera ses ordonnances sur ledit procès-verbal.

923. Lorsque l'inventaire sera parachevé, les scellés ne pourront être apposés, à moins que l'inventaire ne soit attaqué, et qu'il ne soit ainsi ordonné par le président du tribunal.

Si l'apposition des scellés est requise pendant le cours de l'inventaire, les scellés ne seront apposés que sur les objets non inventoriés.

924. S'il n'y a aucun effet mobilier, le juge de paix dressera un procès-verbal de carence.

S'il y a des effets mobiliers, qui soient nécessaires à l'usage des personnes qui restent dans la maison, ou sur lesquels le scellé ne puisse être mis, le juge de paix fera un procès-verbal contenant description sommaire desdits effets.

925. Dans les communes où la population est de vingt mille ames et au-dessus, il sera tenu, au greffe du tribunal de première instance, un registre d'ordre pour les scellés, sur lequel seront inscrits, d'après la déclaration que les juges de paix de l'arrondissement seront tenus d'y faire parvenir dans les vingt-quatre heures de l'apposition, 1.º les noms et demeures des personnes sur les effets desquelles le scellé aura été apposé; 2.º le nom et la demeure du juge qui a fait l'apposition; 3.º le jour où elle a été faite.

Des Oppositions aux Scellés.

926. Les oppositions aux scellés pourront être faites, soit par une déclaration sur le procès-verbal de scellés, soit par exploit signifié au greffier du juge de paix.

927. Toutes oppositions à scellés contiendront, à peine de nullité, outre les formalités communes à tout exploit,

1.º Election de domicile dans la commune ou dans l'arrondissement de la justice de paix où le scellé est apposé, si l'opposant n'y demeure pas;

2.º L'énonciation précise de la cause de l'opposition.

TITRE II.

De la Levée du Scellé.

928. Le scellé ne pourra être levé et l'inventaire fait que trois jours après l'inhumation, s'il a été apposé auparavant; et trois jours après l'apposition, si elle a été faite depuis l'inhumation, à peine de nullité des procès-verbaux de levée de scellés et inventaire, et des dommages et intérêts contre ceux qui les auront faits et requis: le tout, à moins que, pour des causes urgentes et dont il sera fait mention dans son ordonnance, il n'en soit autrement ordonné par le président du tribunal de première instance. Dans ce cas, si les parties qui ont droit d'assister à la levée ne sont pas présentes, il sera appelé pour elles, tant à la levée qu'à l'inventaire, un notaire nommé d'office par le président.

929. Si les héritiers ou quelques-uns d'eux sont mineurs, non émancipés, il ne sera pas procédé à la levée des scellés qu'ils n'aient été ou préalablement pourvus de tuteurs, ou, émancipés.

930. Tous ceux qui ont droit de faire apposer les scellés, pourront en requérir la levée, excepté ceux qui ne les ont fait apposer qu'en exécution de l'article 909, n.º 3 ci-dessus.

931. Les formalités pour parvenir à la levée des scellés, seront;

1.º Une réquisition à cet effet, consignée sur le procès-verbal du juge-de-paix;

2.º Une ordonnance du juge, indicative des jour et heure où la levée sera faite;

3.º Une sommation d'assister à cette levée, faite au conjoint survivant, aux présomptifs héritiers, exécuteur testamentaire, légataires universels et à titre universel, s'ils sont connus, et aux opposans.

Il ne sera pas besoin d'appeler les intéressés demeurant hors de la distance de cinq myriamètres; mais on appellera pour eux, à la levée et à l'inventaire, un notaire nommé d'office par le président du tribunal de première instance.

Les opposans seront appelés aux domiciles par eux élus.

932. Le conjoint, l'exécuteur testamentaire, les héritiers et les légataires universels, et ceux à titre universel, pourront assister à toutes les vacations de la levée du scellé et de l'inventaire, en personne ou par un mandataire.

Les opposans ne pourront assister, soit en personne, soit par un mandataire, qu'à la première vacation : ils seront tenus de se faire représenter, aux vacations suivantes, par un seul mandataire pour tous, dont ils conviendront; sinon il sera nommé d'office par le juge.

Si, parmi ces mandataires, se trouvent des avoués du tribunal de première instance du ressort, ils justifieront de leurs pouvoirs par la représentation du titre de leur partie; et l'avoué plus ancien, suivant l'ordre du tableau, des créanciers fondés en titres authentiques, assistera de droit pour tous les opposans : si aucun des créanciers n'est fondé en titre authentique, l'avoué le plus ancien des opposans fondés en titre privé assistera. L'ancienneté sera définitivement réglée à la première vacation.

933. Si l'un des opposans avait des intérêts différens de ceux des autres, ou des intérêts contraires, il pourra assister en personne ou par un mandataire particulier, à ses frais.

934. Les opposans pour la conservation des droits de leur débiteur ne pourront assister à la première vacation, ni concourir au choix d'un mandataire commun pour les autres vacations.

935. Le conjoint commun en biens, les héritiers, l'exécuteur testamentaire et les légataires universels ou à titre universel, pourront convenir du choix d'un ou deux notaires, et d'un ou deux commissaires-priseurs ou experts; s'ils n'en conviennent pas, il sera procédé, suivant la nature des objets, par un ou deux notaires, commissaires-priseurs ou experts, nommés d'office par le président du tribunal de première instance. Les experts prêteront serment devant le juge-de-paix.

936. Le procès-verbal de levée contiendra,

1.° La date; 2.° les nom, profession, demeure et élection de domicile du requérant; 3.° énonciation de l'ordonnance délivrée pour la levée; 4.° énonciation de la sommation prescrite par l'article 931 ci-dessus; 5.° les comparutions et dires des parties; 6.° la nomination des notaires, commissaires-priseurs et experts qui doivent opérer; 7.° la reconnaissance des scellés s'ils sont sains et entiers; s'ils ne le sont pas, l'état des altérations, sauf à se pourvoir ainsi qu'il appartiendra pour raison desdites altérations; 8.° les réquisitions à fin de perquisitions, le résultat desdites perquisitions, et toutes autres demandes sur lesquelles il y aura lieu de statuer.

937. Les scellés seront levés successivement, et à fur et mesure de la confection de l'inventaire; ils seront réapposés à la fin de chaque vacation.

938. On pourra réunir les objets de même nature, pour être

inventoriés

inventoriés successivement suivant leur ordre; il seront, dans ce cas, replacés sous les scellés.

939. S'il est trouvé des objets et papiers étrangers à la succession et réclamés par des tiers, ils seront remis à qui il appartiendra; s'ils ne peuvent être remis à l'instant, et qu'il soit nécessaire d'en faire la description, elle sera faite sur le procès-verbal des scellés, et non sur l'inventaire.

940. Si la cause de l'apposition des scellés cesse avant qu'ils soient levés, ou pendant le cours de leur levée, ils seront levés sans description.

TITRE III.

De l'Inventaire.

941. L'inventaire peut être requis par ceux qui ont droit de requérir la levée du scellé.

942. Il doit être fait en présence, 1.° du conjoint survivant; 2.° des héritiers présomptifs; 3.° de l'exécuteur testamentaire, si le testament est connu; 4.° des donataires et légataires universels ou à titre universel, soit en propriété, soit en usufruit, ou eux dûment appelés, s'ils demeurent dans la distance de cinq myriamètres; s'ils demeurent au-delà, il sera appelé pour tous les absens, un seul notaire, nommé par le président du tribunal de première instance, pour représenter les parties appelées et défaillantes.

943. Outre les formalités communes à tous les actes devant notaires, l'inventaire contiendra,

1.° Les noms, professions et demeures des requérans, des comparans, des défaillans et des absens, s'ils sont connus, du notaire appelé pour les représenter, des commissaires-priseurs et experts, et mention de l'ordonnance qui commet le notaire pour les absens et défaillans;

2.° L'indication des lieux où l'inventaire est fait;

3.° La description et estimation des effets, laquelle sera faite à juste valeur et sans crue;

Procédure civile. Texte. 12

4.° La désignation des qualités, poids et titre de l'argenterie ;

5.° La désignation des espèces en numéraire ;

6.°. Les papiers seront côtés par première et dernière ; ils seront paraphés de la main d'un des notaires ; s'il y a des livres et registres de commerce, l'état en sera constaté, les feuillets en seront pareillement côtés et paraphés s'ils ne le sont ; s'il y a des blancs dans les pages écrites, ils seront bâtonnés ;

7.° La déclaration des titres actifs et passifs ;

8.° La mention du serment prêté, lors de la clôture de l'inventaire, par ceux qui ont été en possession des objets avant l'inventaire, ou qui ont habité la maison dans laquelle sont lesdits objets, qu'ils n'en ont détourné, vu détourner, ni su qu'il en ait été détourné aucun.

9.° La remise des effets et papiers, s'il y a lieu, entre les mains de la personne dont on conviendra, ou qui, à défaut, sera nommée par le président du tribunal.

944. Si, lors de l'inventaire, il s'élève des difficultés, ou s'il est formé des réquisitions pour l'administration de la communauté ou de la succession, ou pour autres objets, et qu'il n'y soit déféré par les autres parties, les notaires délaisseront les parties à se pourvoir en référé devant le président du tribunal de première instance ; ils pourront en référer eux-mêmes s'ils résident dans le canton où siége le tribunal : dans ce cas, le président mettra son ordonnance sur la minute du procès-verbal.

TITRE IV.

De la Vente du mobilier.

945. Lorsque la vente des meubles dépendans d'une succession aura lieu, en exécution de l'article 826 du Code civil, cette vente sera faite dans les formes prescrites au titre *des Saisies-exécutions.*

946. Il y sera procédé sur la réquisition de l'une des parties intéréssées, en vertu de l'ordonnance du président du tribunal de première instance, et par un officier public.

947. On appellera les parties ayant droit d'assister à l'inventaire, et qui demeureront ou auront élu domicile dans la distance de cinq myriamètres : l'acte sera signifié au domicile élu.

948. S'il s'élève des difficultés, il pourra être statué provisoirement en référé par le président du tribunal de première instance.

949. La vente se fera dans le lieu où sont les effets, s'il n'en est autrement ordonné.

950. La vente sera faite tant en absence que présence, sans appeler personne pour les non-comparans.

951. Le procès-verbal fera mention de la présence ou de l'absence du requérant.

952. Si toutes les parties sont majeures, présentes et d'accord, et qu'il n'y ait aucun tiers intéressé, elles ne seront obligées à aucunes des formalités ci-dessus.

TITRE V.

De la Vente des biens immeubles.

953. Si les immeubles n'appartiennent qu'à des majeurs, ils seront vendus, s'il y a lieu, de la manière dont les majeurs conviendront.

S'il y a lieu à licitation, elle sera faite conformément à ce qui est prescrit au titre *des partages et licitations.*

954. Si les immeubles n'appartiennent qu'à des mineurs, la vente ne pourra en être ordonnée que d'après un avis de parens (1).

CODE CIVIL.

(1). ART. 459. « La vente se fera publiquement, en présence du subrogé tuteur, aux enchères qui seront reçues par un membre du

12 *

Cet avis ne sera point nécessaire lorsque les immeubles appartiendront en partie à des majeurs et à des mineurs, et lorsque la licitation sera ordonnée sur la demande des majeurs.

Il sera procédé à cette licitation ainsi qu'il est prescrit au titre *des partages et licitations.*

955. Lorsque le tribunal civil homologuera les délibérations du conseil de famille relatives à l'aliénation des biens immeubles des mineurs, il nommera par le même jugement, un ou trois experts, suivant que l'importance des biens paraîtra l'exiger, et ordonnera que, sur leur estimation, les enchères seront publiquement ouvertes devant un membre du tribunal ou devant un notaire à ce commis aussi par le même jugement.

956. Les experts, après avoir prêté serment, rédigeront leur rapport en un seul avis, à la pluralité des voix; il présentera les bases de l'estimation qu'ils auront faite.

957. Ils remettront la minute de leur rapport ou au greffe, ou chez le notaire, suivant qu'un membre du tribunal ou un notaire aura été commis pour recevoir les enchères.

958. Les enchères seront ouvertes sur un cahier des charges déposé au greffe ou chez le notaire commis, et contenant,

1.º L'énonciation du jugement homologatif de l'avis des parens;

2º. Celle du titre de propriété;

3.º La désignation sommaire des biens à vendre et le prix de leur estimation;

CODE CIVIL.

» tribunal civil, ou par un notaire à ce commis, et à la suite de trois
» affiches apposées, par trois dimanches consécutifs, aux lieux accou-
» tumés dans le canton.

» Chacune de ces affiches sera visée et certifiée par le maire des com-
» munes où elles auront été apposées. »

4.° Les conditions de la vente.

959. Ce cahier sera lû à l'audience, si la vente se fait en justice. Lors de sa lecture, le jour auquel il sera procédé à la première adjudication ou adjudication préparatoire, sera annoncé. Ce jour sera éloigné de six semaines au moins.

960. L'adjudication préparatoire, soit devant le tribunal, soit devant le notaire, sera indiquée par des affiches. Ces affiches ou placards ne contiendront que la désignation sommaire des biens, les noms, profession et domicile du mineur, de son tuteur et de son subrogé tuteur, et la demeure du notaire, si c'est devant un notaire que la vente doit être faite.

961. Ces placards seront apposés par trois dimanches consécutifs,

1.° A la principale porte de chacun des bâtimens dont la vente sera poursuivie;

2.° A la principale porte des communes de la situation des biens; et, à Paris, à la principale porte seulement de la municipalité dans l'arrondissement de laquelle les biens sont situés;

3.° A la porte extérieure du tribunal qui aura permis la vente; et à celle du notaire, si c'est un notaire qui doit y procéder.

Les maires des communes où ces placards auront été apposés, les viseront et certifieront sans frais, sur un exemplaire qui restera joint au dossier.

962. Copie desdits placards sera insérée dans un journal, conformément à l'article 683 ci-dessus. Cette insertion sera constatée, ainsi qu'il est dit au titre *des Saisies immobilières;* elle sera faite huit jours au moins avant le jour indiqué pour l'adjudication préparatoire.

963. L'apposition des placards et l'insertion aux journaux seront réitérées huit jours au moins avant l'adjudication définitive.

964. Au jour indiqué pour l'adjudication définitive, si les

enchères ne s'élèvent pas au prix de l'estimation, le tribunal pourra ordonner, sur un nouvel avis de parens, que
l'immeuble sera adjugé au plus offrant, même au-dessous
de l'estimation; à l'effet de quoi l'adjudication sera remise à
un délai fixé par le jugement, et qui ne pourra être moindre
de quinzaine.

Cette adjudication sera encore indiquée par des placards
apposés dans les communes et lieux, visés, certifiés, et insérés
dans les journaux, comme il est dit ci-dessus, huit jours au
moins avant l'adjudication.

965. Seront observées, au surplus, relativement à la réception des enchères, à la forme de l'adjudication et à ses
suites, les dispositions contenues dans les articles 710 et
suivans du titre *des Saisies immobilières*; si ce n'est que
si les enchères sont reçues par un notaire, elles pourront
être faites par toutes personnes, sans ministère d'avoué.

TITRE VI.

Des Partages et Licitations (1).

966. Dans les cas des articles 823 et 838 du Code civil,
lorsque le partage doit être fait en justice, la partie la plus
diligente se pourvoira.

CODE CIVIL.

(1) ART. 823. « Si l'un des cohéritiers refuse de consentir au partage,
» ou s'il s'élève des contestations soit sur le mode d'y procéder, soit sur
» la manière de le terminer, le tribunal prononcé comme en matière
» sommaire, ou commet, s'il y a lieu, pour les opérations du partage;
» un des juges, sur le rapport duquel il décide les contestations. »

ART. 824. « L'estimation des immeubles est faite par experts choisis
» par les parties intéressées, ou, à leur refus, nommés d'office.

« Le procès-verbal des experts doit présenter les bases de l'estimation:
» il doit indiquer si l'objet estimé peut être commodément partagé; de
» quelle manière; fixer enfin, en cas de division, chacune des parts
» qu'on peut en former, et leur valeur. »

967. Entre deux demandeurs, la poursuite appartiendra à celui qui aura fait viser le premier l'original de son exploit

---

CODE CIVIL.

ART. 825. « L'estimation des meubles, s'il n'y a pas eu de prisée faite
» dans un inventaire régulier, doit être faite par gens à ce connaissant,
» à juste prix et sans crue. »

ART. 826. « Chacun des cohéritiers peut demander sa part en nature
» des meubles et immeubles de la succession : néanmoins, s'il y a
» des créanciers saisissans ou opposans, ou si la majorité des cohé-
» ritiers juge la vente nécessaire pour l'acquit des dettes et charges
» de la succession, les meubles sont vendus publiquement en la forme
» ordinaire. »

ART. 827. « Si les immeubles ne peuvent pas se partager commo-
» dément, il doit être procédé à la vente par licitation devant le
» tribunal.

« Cependant les parties, si elles sont toutes majeures, peuvent con-
» sentir que la licitation soit faite devant un notaire, sur le choix duquel
» elles s'accordent »

ART. 828. « Après que les meubles et immeubles ont été estimés et
» vendus, s'il y a lieu, le juge commissaire renvoie les parties devant
» un notaire dont elles conviennent, ou nommé d'office, si les parties
» ne s'accordent pas sur le choix.

« On procède devant cet officier, aux comptes que les copartageans
» peuvent se devoir, à la formation de la masse générale, à la compo-
» sition des lots, et aux fournissemens à faire à chacun des copartageans. »

ART. 829. « Chaque cohéritier fait rapport à la masse, suivant les
» règles qui seront ci-après établies, des dons qui lui ont été faits, et des
» sommes dont il est débiteur. »

ART. 830. « Si le rapport n'est pas fait en nature, les cohéritiers à
» qui il est dû, prélèvent une portion égale sur la masse de la succession.

« Les prélèvemens se font, autant que possible, en objets de même
» nature, qualité et bonté que les objets non rapportés en nature. »

ART. 831. « Après ces prélèvemens, il est procédé, sur ce qui reste
» dans la masse, à la composition d'autant de lots égaux qu'il y a d'hé-
» ritiers copartageans, ou de souches copartageantes. »

ART. 832. « Dans la formation et composition des lots, on doit éviter

par le greffier du tribunal : ce visa sera daté du jour et de l'heure.

968. Le tuteur spécial et particulier qui doit être donné à chaque mineur ayant des intérêts opposés, sera nommé suivant les règles contenues au titre *des Avis de parens.*

CODE CIVIL.

» autant que possible, de morceler les héritages et de diviser les exploi-
» tations; et il convient de faire entrer dans chaque lot, s'il se peut, la
» même quantité de meubles, d'immeubles, de droits qu de créances de
» même nature et valeur. »

ART. 833. « L'inégalité des lots en nature se compense par un retour,
» soit en rente, soit en argent. »

ART. 834. « Les lots sont faits par l'un des cohéritiers, s'ils
» peuvent convenir entre eux sur le choix, et si celui qu'ils avaient
» choisi accepte la commission : dans le cas contraire, les lots sont
» faits par un expert que le juge-commissaire désigne.
» Ils sont ensuite tirés au sort. »

ART. 835. « Avant de procéder au tirage des lots, chaque copar-
» tageant est admis à proposer ses réclamations contre leur formation. »

ART. 836. « Les règles établies pour la division des masses à par-
» tager, sont également observées dans la subdivision à faire entre les
» souches copartageantes. »

ART. 837. « Si, dans les opérations renvoyées devant un notaire, il
» s'élève des contestations, le notaire dressera procès-verbal des diffi-
» cultés et des dires respectifs des parties, les renverra devant le com-
» missaire nommé pour le partage; et, au surplus, il sera procédé,
» suivant les formes prescrites par les lois sur la procédure. »

ART. 838. « Si tous les cohéritiers ne sont pas présens, ou s'il y a
» parmi eux des interdits ou des mineurs, même émancipés, le partage
» doit être fait en justice, conformément aux règles prescrites par les ar-
» ticles 819 et suiv., jusques et compris l'article précédent. S'il y a plu-
» sieurs mineurs qui aient des intérêts opposés dans le partage, il doit
» leur être donné à chacun un tuteur spécial et particulier. »

ART. 839. « S'il y a lieu à licitation, dans le cas du précédent ar-
» ticle, elle ne peut être faite qu'en justice avec les formalités prescrites
» pour l'aliénation des biens des mineurs. Les étrangers y sont toujours
» admis. »

969. Le même jugement qui prononcera sur la demande en partage., commettra, s'il y a lieu, un juge, conformément à l'article 823 du Code civil, et ordonnera que les immeubles, s'il y en a, seront estimés par experts de la manière prescrite en l'article 824 du même Code.

970. En prononçant sur cette demande, le tribunal ordonnera par le même jugement le partage s'il peut avoir lieu, ou la vente par licitation qui sera faite, soit devant un membre du tribunal, soit devant un notaire.

971. Il sera procédé aux nominations, prestations de serment et rapports d'experts, suivant les formalités prescrites au titre *des Rapports d'experts*. Néanmoins, lorsque toutes les parties seront majeures, il pourra n'être nommé qu'un expert, si elles y consentent.

972. Le poursuivant demandera l'entérinement du rapport par requête de simples conclusions d'avoué à avoué. On se conformera pour la vente aux formalités prescrites dans le titre *de la Vente des biens immeubles*, en ajoutant dans le cahier des charges,

Les nom, demeure et profession du poursuivant, les nom et demeure de son avoué; -

Les noms, demeures et professions des colicitans.

Copie du cahier des charges sera signifiée aux avoués des colicitans par un simple acte, dans la huitaine du dépôt au greffe ou chez le notaire.

973. S'il s'élève des difficultés sur le cahier des charges, elles seront vidées à l'audience, sans aucune requête, et sur un simple acte d'avoué à avoué.

974. Lorsque la situation des immeubles aura exigé plusieurs expertises distinctes, et que chaque immeuble aura été déclaré impartageable, il n'y aura cependant pas lieu à licitation, s'il résulte du rapprochement des rapports que la totalité des immeubles peut se partager commodément.

975. Si la demande en partage n'a pour objet que la division d'un ou de plusieurs immeubles sur lesquels les droits

des intéressés soient déjà liquidés, les experts, en procédant à l'estimation, composeront les lots ainsi qu'il est prescrit par l'article 466 du Code civil ; et après que leur rapport aura été entériné, les lots seront tirés au sort, soit devant le juge-commissaire, soit devant un notaire commis par le tribunal.

976. Dans les autres cas, le poursuivant fera sommer les copartageans de comparaître, au jour indiqué, devant le juge-commissaire, qui renverra les parties devant un notaire dont elles conviendront, si elles peuvent et veulent en convenir, ou qui, à défaut, sera nommé d'office par le tribunal, à l'effet de procéder aux comptes, rapport, formation de masses, prélèvemens, composition de lots et fournissemens, ainsi qu'il est ordonné par le Code civil, article 828.

Il en sera de même après qu'il aura été procédé à la licitation, si le prix de l'adjudication doit être confondu avec d'autres objets dans une masse commune de partage pour former la balance entre divers lots.

977. Le notaire commis procédera seul sans l'assistance d'un second notaire ou de témoins ; si les parties se font assister auprès de lui d'un conseil, les honoraires de ce conseil n'entreront point dans les frais de partage, et seront à leur charge.

Au cas de l'article 837 du Code civil, le notaire rédigera en un procès-verbal séparé les difficultés et dires des parties. Ce procès-verbal sera, par lui, remis au greffe et y sera retenu.

Si le juge-commissaire renvoie les parties à l'audience, l'indication du jour où elles devront comparaître leur tiendra lieu d'ajournement.

Il ne sera fait aucune sommation pour comparaître soit devant le juge, soit à l'audience.

978. Lorsque la masse du partage, les rapports et prélèvemens à faire par chacune des parties intéressées auront été établis par le notaire, suivant les articles 829, 830 et 831 du Code civil, les lots seront faits par l'un des cohéritiers, s'ils sont tous majeurs, s'ils s'accordent sur le choix,

et si celui qu'ils auront choisi accepte la commission ; dans le cas contraire, le notaire, sans qu'il soit besoin d'aucune autre procédure, renverra les parties devant le juge-commissaire, et celui-ci nommera un expert.

979. Le cohéritier choisi par les parties, ou l'expert nommé pour la formation des lots, en établira la composition par un rapport qui sera reçu et rédigé par le notaire à la suite des opérations précédentes.

980. Lorsque les lots auront été fixés, et que les contestations sur leur formation, s'il y en a eu, auront été jugées, le poursuivant fera sommer les copartageans à l'effet de se trouver, à jour indiqué, en l'étude du notaire, pour assister à la clôture de son procès-verbal, en entendre lecture et le signer avec lui s'ils le peuvent et le veulent.

981. Le notaire remettra l'expédition du procès-verbal de partage à la partie la plus diligente pour en poursuivre l'homologation par le tribunal ; sur le rapport du juge-commissaire, le tribunal homologuera le partage, s'il y a lieu, les parties présentes, ou appelées si toutes n'ont pas comparu à la clôture du procès-verbal, et sur les conclusions du procureur impérial, dans le cas où la qualité des parties requerra son ministère.

982. Le jugement d'homologation ordonnera le tirage des lots, soit devant le juge-commissaire, soit devant le notaire, lequel en fera la délivrance aussitôt après le tirage.

983. Soit le greffier, soit le notaire, seront tenus de délivrer tels extraits, en tout ou en partie, du procès-verbal de partage, que les parties intéressées requerront.

984. Les formalités ci-dessus seront suivies dans les licitations et partages, tendant a faire cesser l'indivision, lorsque des mineurs ou autres personnes non jouissant de leurs droits civils y auront intérêt.

985. Au surplus, lorsque tous les copropriétaires ou cohéritiers seront majeurs, jouissant de leurs droits civils, pré-

sens ou dûment représentés, ils pourront s'abstenir des voies
judiciaires, ou les abandonner en tout état de cause, et s'accorder pour procéder de telle manière qu'ils aviseront (1).

TITRE VII.

Du Bénéfice d'inventaire.

986. Si l'héritier veut, avant de prendre qualité et conformément au Code civil (2) se faire autoriser à procéder
à la vente d'effets mobiliers dépendans de la succession, il
présentera à cet effet requête au président du tribunal de
première instance dans le ressort duquel la succession est
ouverte.

La vente en sera faite par un officier public, après les
affiches et publications ci-dessus prescrites pour la vente du
mobilier.

CODE CIVIL.

(1). ART. 819. « Si tous les héritiers sont présens et majeurs, l'appo-
» sition de scellés sur les effets de la succession n'est pas nécessaire, et
» le partage peut être fait dans la forme et par tel acte que les parties
» intéressées jugent convenable.

» Si tous les héritiers ne sont pas présens, s'il y a parmi eux des mi-
» neurs ou des interdits, le scellé doit être apposé dans le plus bref dé-
» lai, soit à la requête des héritiers, soit à la diligence du commissaire
» du Gouvernement près le tribunal de première instance, soit d'office
» par le juge de paix dans l'arrondissement duquel la succession est
» ouverte. »

(2) ART. 793 et 794.
« La déclaration d'un héritier qui entend ne prendre cette qualité
» que sous bénéfice d'inventaire, doit être faite au greffe du tribunal
» civil de première instance dans l'arrondissement duquel la succes-
» sion s'est ouverte ; elle doit être inscrite sur le registre destiné à
» recevoir les actes de cette nature.

» Cette déclaration n'a d'effet qu'autant qu'elle a été précédée ou
» suivie d'un inventaire fidelle et exact des biens de la succession,
» dans les délais déterminés par le Code civil, et dans les formes
» ci-dessus prescrites. »

987. S'il y a lieu à vendre des immeubles dépendans de la succession, l'héritier bénéficiaire présentera au président du tribunal de première instance, une requête où ils seront désignés : cette requête sera communiquée au ministère public ; sur ses conclusions et le rapport d'un juge nommé à cet effet, il sera rendu jugement qui ordonnera préalablement que les immeubles seront vus et estimés par un expert, nommé d'office.

988. Si le rapport est régulier, il sera entériné sur requête par le même tribunal ; et sur les conclusions du ministère public, le jugement ordonnera la vente.

Il sera procédé à ladite vente suivant les formalités prescrites au titre *des Partages et Licitations.*

L'héritier bénéficiaire sera réputé héritier pur et simple, s'il a vendu des immeubles sans se conformer aux règles prescrites dans le présent titre.

989. S'il y a lieu à faire procéder à la vente du mobilier et des rentes dépendans de la succession, la vente sera faite suivant les formes prescrites pour la vente de ces sortes de biens, à peine contre l'héritier bénéficiaire d'être réputé héritier pur et simple.

990. Le prix de la vente du mobilier sera distribué par contribution entre les créanciers opposans, suivant les formalités indiquées au titre *de la Distribution par contribution.*

991. Le prix de la vente des immeubles sera distribué suivant l'ordre des priviléges et hypothèques.

992. Le créancier, ou autre partie intéressée, qui voudra obliger l'héritier bénéficiaire à donner caution, lui fera faire sommation, à cet effet, par acte extrajudiciaire signifié à personne ou domicile.

993. Dans les trois jours de cette sommation, outre un jour par trois myriamètres de distance entre le domicile de l'héritier et la commune où siége le tribunal, il sera tenu de présenter caution au greffe du tribunal de l'ouverture de la suc-

cession, dans la forme prescrite pour les réceptions de caution.

994. S'il s'élève des difficultés relativement à la réception de la caution, les créanciers provoquans seront représentés par l'avoué le plus ancien.

995. Seront observées, pour la reddition du compte du bénéfice d'inventaire, les formes prescrites au titre *des Redditions de comptes.*

996. Les actions à intenter par l'héritier bénéficiaire contre la succession, seront intentées contre les autres héritiers; et s'il n'y en a pas, ou qu'elles soient intentées par tous, elles le seront contre un curateur au bénéfice d'inventaire, nommé en la même forme que le curateur à la succession vacante.

TITRE VIII.

De la Renonciation à la Communauté ou à la Succession.

997. Les renonciations à communauté ou à succession seront faites au greffe du tribunal dans l'arrondissement duquel la dissolution de la communauté ou l'ouverture de la succession se sera opérée, sur le registre prescrit par l'article 784 du Code civil, et en conformité de l'article 1457 du même Code, sans qu'il soit besoin d'autre formalité.

TITRE IX.

Du Curateur à Succession vacante.

998. Lorsqu'après l'expiration des délais pour faire inventaire et pour délibérer, il ne se présente personne qui réclame une succession, qu'il n'y a pas d'héritier connu, ou que les héritiers connus y ont renoncé, cette succession est réputée vacante; elle est pourvue d'un curateur, conformément à l'article 812 du Code civil.

999. En cas de concurrence entre deux ou plusieurs curateurs, le premier nommé sera préféré sans qu'il soit besoin de jugement.

1000. Le curateur est tenu, avant tout, de faire constater l'état de la succession par un inventaire, si fait n'a été, et de faire vendre les meubles suivant les formalités prescrites aux titres *de l'Inventaire* et *de la Vente du mobilier.*

1001. Il ne pourra être procédé à la vente des immeubles et rentes, que suivant les formes qui ont été prescrites au titre *du Bénéfice d'inventaire.*

1002. Les formalités prescrites pour l'héritier bénéficiaire, s'appliqueront également au mode d'administration et au compte à rendre par le curateur à la succession vacante.

LIVRE III.

TITRE UNIQUE.

Des Arbitrages.

Art. 1003.

Toutes personnes peuvent compromettre sur les droits dont elles ont la libre disposition.

1004. On ne peut compromettre sur les dons et legs d'alimens, logement et vêtemens ; sur les séparations d'entre mari et femme, divorces, questions d'état, ni sur aucune des contestations qui seraient sujettes à communication au ministère public.

1005. Le compromis pourra être fait par procès-verbal devant les arbitres choisis, ou par acte devant notaire, ou sous signature privée.

1006. Le compromis désignera les objets en litige et les noms des arbitres, à peine de nullité.

1007. Le compromis sera valable, encore qu'il ne fixe pas de délai ; et, en ce cas, la mission des arbitres ne durera que trois mois, du jour du compromis.

1008. Pendant le délai de l'arbitrage, les arbitres ne pourront être révoqués que du consentement unanime des parties.

1009. Les parties et les arbitres suivront, dans la procédure, les délais et les formes établis pour les tribunaux, si les parties n'en sont autrement convenues.

1010. Les

1010. Les parties pourront, lors et depuis le compromis, renoncer à l'appel.

Lorsque l'arbitrage sera sur appel ou sur requête civile, le jugement arbitral sera définitif et sans appel.

1011. Les actes de l'instruction, et les procès-verbaux du ministère des arbitres, seront faits par tous les arbitres, si le compromis ne les autorise à commettre l'un d'eux.

1012. Le compromis finit, 1.º par le décès, refus, déport ou empêchement d'un des arbitres, s'il n'y a clause qu'il sera passé outre, ou que le remplacement sera au choix des parties ou au choix de l'arbitre ou des arbitres restans; 2.º par l'expiration du délai stipulé, ou de celui de trois mois, s'il n'en a pas été réglé; 3.º par le partage, si les arbitres n'ont pas le pouvoir de prendre un tiers arbitre.

1013. Le décès, lorsque tous les héritiers sont majeurs, ne mettra pas fin au compromis; le délai pour instruire et juger sera suspendu pendant celui pour faire inventaire et délibérer.

1014. Les arbitres ne pourront se déporter si leurs opérations sont commencées : ils ne pourront être récusés si ce n'est pour cause survenue depuis le compromis.

1015. S'il est formé inscription de faux, même purement civile, où s'il s'élève quelque incident criminel, les arbitres délaisseront les parties à se pourvoir, et les délais de l'arbitrage continueront à courir du jour du jugement de l'incident.

1016. Chacune des parties sera tenue de produire ses défenses et pièces, quinzaine au moins avant l'expiration du délai du compromis; et seront tenus les arbitres de juger sur ce qui aura été produit.

Le jugement sera signé par chacun des arbitres, et dans le cas où il y aurait plus de deux arbitres, si la minorité refusait de le signer, les autres arbitres en feraient mention, et le jugement aura le même effet que s'il avait été signé par chacun des arbitres.

Un jugement arbitral ne sera, dans aucun cas, sujet à l'opposition.

Procédure civile. Texte.　　　　　　　13

1017. En cas de partage, les arbitres autorisés à nommer un tiers seront tenus de le faire par la décision qui prononce le partage : s'ils ne peuvent en convenir, ils le déclareront sur le procès-verbal, et le tiers sera nommé par le président du tribunal qui doit ordonner l'exécution de la décision arbitrale.

Il sera, à cet effet, présenté requête par la partie la plus diligente.

Dans les deux cas, les arbitres divisés seront tenus de rédiger leur avis distinct et motivé, soit dans le même procès-verbal, soit dans des procès-verbaux séparés.

1018. Le tiers-arbitre sera tenu de juger dans le mois du jour de son acceptation, à moins que ce délai n'ait été prolongé par l'acte de la nomination; il ne pourra prononcer qu'après avoir conféré avec les arbitres divisés, qui seront sommés de se réunir à cet effet.

Si tous les arbitres ne se réunissent pas, le tiers-arbitre prononcera seul, et néanmoins il sera tenu de se conformer à l'un des avis des autres arbitres.

1019. Les arbitres et tiers-arbitres décideront, d'après les règles du droit, à moins que le compromis ne leur donne pouvoir de prononcer comme amiables compositeurs.

1020. Le jugement arbitral sera rendu exécutoire par une ordonnance du président du tribunal de première instance dans le ressort duquel il a été rendu : à cet effet, la minute du jugement sera déposée dans les trois jours, par l'un des arbitres, au greffe du tribunal.

S'il avait été compromis sur l'appel d'un jugement, la décision arbitrale sera déposée au greffe du tribunal d'appel, et l'ordonnance rendue par le président de ce tribunal.

Les poursuites pour les frais du dépôt et les droits d'enregistrement ne pourront être faites que contre les parties.

1021. Les jugemens arbitraux, même ceux préparatoires, ne pourront être exécutés qu'après l'ordonnance qui sera accordée à cet effet par le président du tribunal, au bas ou en marge de la minute, sans qu'il soit besoin d'en communiquer au ministère public; et sera ladite ordonnance expédiée ensuite de l'expédition de la décision.

La connaissance de l'exécution du jugement appartient au tribunal qui a rendu l'ordonnance.

1022. Les jugemens arbitraux ne pourront, en aucun cas, être opposés à des tiers.

1023. L'appel des jugemens arbitraux sera porté, savoir, devant les tribunaux de première instance pour les matières qui, s'il n'y eût point eu d'arbitrages, eussent été, soit en premier soit en dernier ressort, de la compétence des juges-de-paix; et devant les cours d'appel, pour les matières qui eussent été, soit en premier soit en dernier ressort, de la compétence des tribunaux de première instance.

1024. Les règles sur l'exécution provisoire des jugemens des tribunaux, sont applicables aux jugemens arbitraux.

1025. Si l'appel est rejeté, l'appelant sera condamné à la même amende que s'il s'agissait d'un jugement des tribunaux ordinaires.

1026. La requête civile pourra être prise contre les jugemens arbitraux, dans les délais, formes et cas ci-devant désignés pour les jugemens des tribunaux ordinaires.

Elle sera portée devant le tribunal qui eût été compétent pour connaître de l'appel.

1027. Ne pourront cependant être proposés pour ouvertures,

1.° L'inobservation des formes ordinaires, si les parties n'en étaient autrement convenues; ainsi qu'il est dit en l'article 1009.

2.° S'il a été prononcé sur choses non demandées, sauf à se pourvoir en nullité, suivant l'article ci-après.

1028. Il ne sera besoin de se pourvoir par appel ni requête civile dans les cas suivans :

1.º Si le jugement a été rendu sans compromis, ou hors des termes du compromis;

2.º S'il l'a été sur compromis nul ou expiré;

3.º S'il n'a été rendu que par quelques arbitres non autorisés à juger en l'absence des autres;

4.º S'il l'a été par un tiers sans en avoir conféré avec les arbitres partagés;

5.º Enfin s'il a été prononcé sur choses non demandées.

Dans tous ces cas, les parties se pourvoiront par opposition à l'ordonnance d'exécution, devant le tribunal qui l'aura rendu, et demanderont la nullité de l'acte qualifié *jugement arbitral.*

Il ne pourra y avoir recours en cassation, dans les cas où il est autorisé, que contre les jugemens des tribunaux rendus, soit sur appel, soit sur requête civile.

Dispositions générales.

1029. Aucune des nullités, amendes et déchéances prononcées dans le présent Code n'est comminatoire.

1030. Aucun exploit ou acte de procédure ne pourra être déclaré nul, si la nullité n'en est pas formellement prononcée par la loi.

Dans les cas où la loi n'aurait pas prononcé la nullité, l'officier ministériel pourra, soit pour omission, soit pour contravention, être condamné à une amende qui ne sera pas moindre de cinq francs et n'excédera pas cent francs.

1031. Les procédures et les actes nuls ou frustratoires et les actes qui auront donné lieu à une condamnation d'amende, seront à la charge des officiers ministériels qui les auront faits, lesquels, suivant l'exigence des cas, seront en outre passibles des dommages et intérêts de la partie, et pourront même être suspendus de leurs fonctions.

1032. Les communes et les établissemens publics seront

tenus, pour former une demande en justice, de se conformer aux lois administratives.

1033. Le jour de la signification ni celui de l'échéance ne sont jamais comptés pour le délai général fixé pour les ajournemens, les citations, sommations et autres actes faits à personne ou domicile : ce délai sera augmenté d'un jour, à raison de trois myriamètres de distance; et quand il y aura lieu à voyage ou envoi et retour, l'augmentation sera du double.

1034. Les sommations pour être présent aux rapports d'experts, ainsi que les assignations données en vertu de jugement de jonction, indiqueront seulement le lieu, le jour et l'heure de la première vacation ou de la première audience; elles n'auront pas besoin d'être réitérées, quoique la vacation ou l'audience ait été continuée à un autre jour.

1035. Quand il s'agira de recevoir un serment, une caution, de procéder à une enquête, à un interrogatoire sur faits et articles, de nommer des experts, et généralement de faire une opération quelconque en vertu d'un jugement, et que les parties ou les lieux contentieux seront trop éloignés, les juges pourront commettre un tribunal voisin, un juge, ou même un juge-de-paix, suivant l'exigence des cas; ils pourront même autoriser un tribunal à nommer, soit un de ses membres, soit un juge-de-paix, pour procéder aux opérations ordonnées.

1036. Les tribunaux, suivant la gravité des circonstances, pourront, dans les causes dont ils seront saisis, prononcer, même d'office, des injonctions; supprimer des écrits, les déclarer calomnieux, et ordonner l'impression et l'affiche de leurs jugemens.

1037. Aucune signification ni exécution ne pourra être faite, depuis le 1.er octobre jusqu'au 31 mars, avant six heures du matin et après six heures du soir; et depuis le 1re. avril jusqu'au 30 septembre, avant quatre heures du matin et après neuf heures du soir; non plus que les jours de fêtes légales, si ce n'est en vertu de permission du juge, dans le cas où il y aurait péril en la demeure.

1038. Les avoués qui ont occupé dans les causes où il est intervenu des jugemens définitifs, seront tenus d'occuper sur l'exécution de ces jugemens, sans nouveaux pouvoirs, pourvu qu'elle ait lieu dans l'année de la prononciation des jugemens.

1039. Toutes significations faites à des personnes publiques, préposées pour les recevoir, seront visées par elles sans frais sur l'original.

En cas de refus, l'original sera visé par le procureur impérial près le tribunal de première instance de leur domicile. Les refusans pourront être condamnés sur les conclusions du ministère public, à une amende qui ne pourra être moindre de cinq francs.

1040. Tous actes et procès-verbaux du ministère du juge seront faits au lieu où siége le tribunal : le juge y sera toujours assisté du greffier, qui gardera les minutes, et délivrera les expéditions : en cas d'urgence, le juge pourra répondre en sa demeure les requêtes qui lui seront présentées, le tout sauf l'exécution des dispositions portées au titre des *référés.*

1041. Le présent Code sera exécuté à dater du 1.er janvier 1807 ; en conséquence, tous procès qui seront intentés depuis cette époque, seront instruits conformément à ses dispositions ; toutes lois, coutumes, usages et réglemens relatifs à la procédure civile, seront abrogés.

1042. Avant cette époque il sera fait, tant pour la taxe des frais que pour la police et discipline des tribunaux, des réglemens d'administration publique.

Dans trois ans au plus tard les dispositions de ces réglemens qui contiendraient des mesures législatives, seront présentées en forme de loi.

Signé **NAPOLÉON.**

Par l'Empereur :

Le Secrétaire d'État, *signé* **Hugues B. Maret.**

Pour extrait conforme :

Le Secrétaire-général du Conseil d'État,

Signé **J. G. Locré.**

TABLE

DES LIVRES ET TITRES CONTENUS DANS LE CODE.

PREMIÈRE PARTIE.

II.ᵉ PARTIE.

Livre I.ᵉʳ *Procédures diverses.*

L I V R E   III.

Fin de la Table des Livres et Titres du Code.

TABLE ALPHABÉTIQUE

DES MATIÈRES

(Nota. *Les chifres arabes indiquent les numéros des articles du Code et non les pages du volume.*)

A.

D.

E.

F.

G.

H.

I.

J.

Tierce opposition, (Formes à suivre pour la)´474 et suiv.

Tiers-arbitre : sa nomination, ses pouvoirs, 1017.

Tribunaux inférieurs : de la Conciliation, 48 et suiv. des Ajournemens, 59 et suiv. Constitution d'avoués et défenses, 75 et suiv. Communication au ministère public, 83 et suiv. Publicité et Police des audiences. 85 et suiv. Délibérés et Instructions par écrit, 93 et suiv. Jugemens, 116 et suiv. Jugemens par défaut et Oppositions, 149 et suiv.

Tribunaux de commerce, (Procédure devant les) 414 et suiv.

Tuteur, (Nomination d'un) 882.

<h3 style="text-align:center">V.</h3>

Vente du mobilier après décès , 945; des biens immeubles, 953.

Vente volontaire , (Surenchère sur) 832.

Vérification d'écritures, 193 et suiv.

Visites des lieux et appréciation en la justice de paix, 41 et suiv.

<h2 style="text-align:center">A V I S.</h2>

Il sera fait pour l'édition du Code avec les Discours, une Table beaucoup plus développée , et qui contiendra la définition et l'explication de tous les termes de pratique et de jurisprudence employés dans le Code.

Cette Table , conforme à celle qui a été faite pour le Code civil, ÉDITION OFFICIELLE , sera imprimée pour être vendue séparément à ceux qui auroient toute autre édition que celles vendues au Dépôt des Lois.

Chaque article citera , comme dans la présente Table, les articles du Code, et non les numéros des pages du volume.

CODE

DE

PROCÉDURE CIVILE.

Éditions in-8.º et in-18 du Dépôt des Lois, conformes à l'Edition officielle, imprimée par ordre du Corps législatif, et distribuée aux principales autorités de l'Empire.

RONDONNEAU, IMPRIMEUR ORDINAIRE DU CORPS LÉGISLATIF, prévient ses concitoyens que les éditions du *Code de Procédure* dont il s'occupe, sont conformes à l'édition officielle qu'il a été chargé d'imprimer, et de distribuer au Corps législatif, et aux membres des principales autorités de l'Empire, et contiennent les corrections et additions survenues dans le cours de la discussion.

La vérification du Texte sur les minutes et expéditions authentiques du Conseil d'Etat et du Corps législatif, garantit l'exactitude de ces éditions.

La Ire EDITION, format *in-8.º*, caractères *cicéro Didot*, contient avec le texte, les exposés des Motifs par les Orateurs du Gouvernement, et les Rapports et Discours prononcés par les Orateurs du Tribunat, que l'on doit considérer comme les commentaires de la Loi.

Cette édition, conforme à celle du Code civil, avec les Discours, publiée en l'an XII, en fait la suite et le complément. Elle sera terminée par une table générale et alphabétique des matières qui offrira les mêmes développemens que celle du Code civil avec les Discours, et qui aura de plus l'avantage de présenter la définition, et l'explication de chaque terme de droit et de pratique employé dans le Code.

Une souscription est ouverte jusqu'au 1.er mai pour cette édition qui est adressée aux Souscripteurs, par numéros de cinq à six feuilles d'impression; le prix de la souscription est de 10 fr., pour recevoir *franc de port* la première livraison de cinquante feuilles, ou deux volumes *in-8°*.

La 2.e ÉDITION, format *in-8.°*, caractères *petit-romain*, ne contient que le texte avec une table alphabétique des matières principales, particulière à cette édition.

Le prix de cette édition, que distingue la pureté du Texte, est du prix de 1 fr. 80 cent. — 2 fr. 50 cent. *franc de port.*

La 3.e ÉDITION, format portatif *in-18*, et soignée également pour la pureté du Texte, est du prix de 1 fr. 20 cent. — 1 fr. 60 cent. *franc de port.*

Cette édition fera partie de la Bibliothèque des Etudians en droit, dont il a déjà paru quatre volumes.

Nota. La Table générale des matières, par ordre alphabétique, sera imprimée séparément, comme l'a été celle du Code civil, et pourra servir à toutes les éditions; les chiffres de renvoi étant ceux des articles du Code de procédure, et non des pages du volume.

MM. les Juges, Avoués, Notaires, Greffiers des Tribunaux et autres Fonctionnaires publics qui en prendront une douzaine, jouiront de la remise de *dix pour cent.*

Les demandes et les envois d'argent se feront franc de port à l'adresse de M. RONDONNEAU, *imprimeur ordinaire du Corps législatif, au* DÉPÔT DES LOIS, *rue Saint-Honoré, près Saint-Roch.*

9 782329 144795